essentials

essentials liefern aktuelles Wissen in konzentrierter Form. Die Essenz dessen, worauf es als „State-of-the-Art" in der gegenwärtigen Fachdiskussion oder in der Praxis ankommt. *essentials* informieren schnell, unkompliziert und verständlich

- als Einführung in ein aktuelles Thema aus Ihrem Fachgebiet
- als Einstieg in ein für Sie noch unbekanntes Themenfeld
- als Einblick, um zum Thema mitreden zu können

Die Bücher in elektronischer und gedruckter Form bringen das Expertenwissen von Springer-Fachautoren kompakt zur Darstellung. Sie sind besonders für die Nutzung als eBook auf Tablet-PCs, eBook-Readern und Smartphones geeignet. *essentials:* Wissensbausteine aus den Wirtschafts-, Sozial- und Geisteswissenschaften, aus Technik und Naturwissenschaften sowie aus Medizin, Psychologie und Gesundheitsberufen. Von renommierten Autoren aller Springer-Verlagsmarken.

Weitere Bände in der Reihe http://www.springer.com/series/13088

Thomas Aichner · Oswin Maurer
Michael Nippa · Stefan Tonezzani

Virtual Reality im Tourismus

Wie VR das Destinationsmarketing verändern wird

Thomas Aichner
Alfaisal University
Riad, Saudi-Arabien

Michael Nippa
Freie Universität Bozen
Bozen, Italien

Oswin Maurer
Freie Universität Bozen
Bozen, Italien

Stefan Tonezzani
Freie Universität Bozen
Bozen, Italien

ISSN 2197-6708   ISSN 2197-6716   (electronic)
essentials
ISBN 978-3-658-23864-3   ISBN 978-3-658-23865-0   (eBook)
https://doi.org/10.1007/978-3-658-23865-0

Die Deutsche Nationalbibliothek verzeichnet diese Publikation in der Deutschen Nationalbibliografie; detaillierte bibliografische Daten sind im Internet über http://dnb.d-nb.de abrufbar.

Springer Gabler

Springer Gabler ist ein Imprint der eingetragenen Gesellschaft Springer Fachmedien Wiesbaden GmbH und ist ein Teil von Springer Nature
Die Anschrift der Gesellschaft ist: Abraham-Lincoln-Str. 46, 65189 Wiesbaden, Germany

Was Sie in diesem *essential* finden können

- Eine Diskussion zur Relevanz von Augmented Reality und Virtual Reality in Wissenschaft und Praxis, insbesondere im Tourismussektor und im Destinationsmarketing.
- Eine Abgrenzung der verwandten Technologien Augmented und Virtual Reality sowie Informationen zu deren derzeitiger Verbreitung und Relevanz sowie zu Erwartungen von potenziellen Kunden, Anbietern und Medien.
- Insgesamt 18 Prognosen für die zukünftige Verwendung von Virtual Reality im Tourismussektor, unter Berücksichtigung politischer, ökonomischer, soziokultureller und technologischer Faktoren (PEST-Analyse).
- Einen Einblick in die methodische Vorgehensweise, um die mögliche Zukunft von disruptiven Technologien und deren Einfluss auf Anbieter und Nachfrager zu untersuchen.
- Ergebnisse einer Delphi-Zukunftsstudie unter Experten aus dem Destinationsmanagement bzw. -marketing, Unternehmensberatern, IT-Spezialisten und Wissenschaftlern.
- Eine akademisch fundierte Studie, die anwendbares Wissen kommuniziert.
- Ergebnisse, die unter anderem ein wahrscheinliches und vier umstrittene Zukunftsszenarien zur Rolle von Virtual Reality im Tourismussektor im Jahr 2025 umfassen.

Inhaltsverzeichnis

Über die Autoren

Prof. Dr. Thomas Aichner ist Assistant Professor für Marketing am College of Business, Alfaisal University in Riad, Saudi-Arabien. Er setzt sich unter anderem mit der Erforschung zukünftigen Konsumentenverhaltens auseinander. Seine Forschungsschwerpunkte liegen in den Bereichen Country of Origin, Mass Customization, E-Commerce, Social Media und Behinderung/Inklusion.

Prof. Dr. Oswin Maurer ist Full Professor für Marketing und Dekan der Fakultät für Wirtschaftswissenschaften der Freien Universität Bozen, Italien. Sein Forschungsinteresse gilt dem Konsumentenverhalten, der regionalen Entwicklung, dem Tourismus und der Erforschung von Determinanten der Lebensqualität und der Lebenszufriedenheit.

Prof. Dr. Michael Nippa ist Full Professor für Strategische Führung und Internationales Management an der Fakultät für Wirtschaftswissenschaften der Freien Universität Bozen, Italien. Er lehrt und forscht u. a. auf dem Gebiet des Internationalen Managements (insb. Internationale Joint Venture, Internationalisierungsprozesse von KMU), der Organisation und des Change Management (insb. Digitalisierung, Geschäftsprozesse, Corporate Portfolio Management) und Führung (insb. Loyalität, virtuelle Teams).

Stefan Tonezzani, M.Sc. ist Absolvent des Studiengangs Entrepreneurship und Innovation an der Freien Universität Bozen, Italien, und arbeitet derzeit als innovative Consultant bei der digatus it group in München. Er interessiert sich für die digitale Transformation und deren Chancen und Herausforderungen für Unternehmen und für die Gesellschaft.

Einleitung 1

Auch wenn sich Experten häufig nicht bezüglich der Anzahl der bisherigen durch die Informations- und Kommunikationstechnologien (ICT) ausgelösten Revolutionen einig sind (Porter und Heppelmann 2014), so ist evident, dass die Wirtschaft und Gesellschaft im Allgemeinen vor großen Herausforderungen stehen. Die neuesten Entwicklungen fokussieren weniger auf physische Benutzeroberflächen, sondern ermöglichen unter anderem, dass Nutzer auf intuitivem Weg mit Gesten, Blicken und Stimmen miteinander kommunizieren können und werden. Laut der Bank of America (BofA) (2016) könnten die disruptiven Technologien, die diese Revolution treiben, insbesondere Augmented Reality und Virtual Reality, das gesamte ICT Ökosystem verändern (vgl. auch Porter und Heppelmann 2015, 2017).

Augmented Reality (AR) erweitert die Wahrnehmung von Nutzern durch die Verschmelzung virtueller Objekte mit der realen Welt, sodass diese vom Anwender als Teil der realen Welt wahrgenommen werden (Butchart 2011). Das wohl bekannteste Beispiel ist Pokémon Go, ein Spiel, bei dem virtuelle Pokémons mithilfe von Smartphones in die reale Umgebung eingebettet, und so aus Sicht des Spielers Teil seiner Umwelt werden. Virtual Reality (VR) ermöglicht es, den Nutzern unter Zuhilfenahme spezifischer Hardware, in der Regel VR-Brillen, in einer vollständig computergenerierten, dreidimensionalen (3D) Umgebung, welche Virtual Environment genannt wird (Guttentag 2010), zu navigieren. Dabei interagiert der Kunde mit virtuellen Elementen und gegebenenfalls mit anderen realen Personen, die durch einen Avatar dargestellt werden. Ein bekanntes Beispiel ist Mammut Project360. Hier können Menschen bekannte Kletterrouten wie z. B. die Besteigung des Mont Blanc, virtuell erleben.

Trotz der umfangreichen Anwendungsbereiche, die sich in keiner Weise nur auf Anwendungen im Spiele- oder Freizeitbereich beschränken (Porter und Heppelmann 2017) bestehen in der Praxis große Unsicherheiten und Spekulationen

T. Aichner et al., *Virtual Reality im Tourismus, essentials,*
https://doi.org/10.1007/978-3-658-23865-0_1

über die zukünftigen Anwendungen. Dies ist unter anderem dem frühen Entwicklungsstadium dieser Technologien geschuldet. Unvorhersehbare Veränderungen oder Entwicklungen neuer, als disruptiv bezeichneter Technologien, führen in unterschiedlichen Industrien zu Überlegungen – und damit auch zu widersprüchlichen Einschätzungen – wie die Verfügbarkeit derartiger Technologien die Zuliefer- und vor allem Kundenbeziehungen beeinflussen werden. Bereits in der Vergangenheit haben neue Technologien nicht nur die Firmenebene tangiert, sondern das gesamte Unternehmens-Ökosystem (Koh und Wong 2005) auf verschiedenen Ebenen (z. B. individuelle Kaufentscheidungen, Mitarbeitermotivation, Industriekomplexe, nationale Institutionen). Dabei sind oftmals sowohl der private als auch der öffentliche Sektor gleichermaßen betroffen (Karaca und Öner 2015).

Ein bedeutender Wirtschaftszweig in vielen Ländern ist der Tourismus, der zum Beispiel in Deutschland, Italien und Österreich, um nur drei Beispiele zu nennen, mit 505, 218 bzw. 35 Mio. Übernachtungen pro Jahr und direkten Ausgaben der Touristen in Höhe von etwa 32, 13 bzw. 4 Mrd. EUR (Eurostat 2018 mit Bezugsjahr 2016), einen nennenswerten Beitrag zur Wirtschaftskraft leistet. Aus der eigenen Erfahrung ist einfach nachzuvollziehen, dass „Tourismus"-Dienstleistungen in hohem Maße von visuellen Erfahrungen, von der Vermittlung von Emotionen, aber auch der Anpassung und Übertragung von Fakten wie Preise und Verfügbarkeiten geprägt sind. Es stellen sich daher insbesondere für die Akteure (z. B. Hotelbetreiber, Destinationsfachleute, Themenparks), ihre Stakeholder (z. B. Bürgermeister, Naturschützer, Logistikunternehmen) und insbesondere die Kunden, d. h. die potenziellen und tatsächlichen Reisenden, die Frage, welche Auswirkungen die sich entwickelnden Augmented- und Virtual-Reality-Technologien haben werden. Dieser Frage widmet sich die vorliegende Studie, die auf die Meinungen und Erfahrungen von Tourismus- und VR-Experten zurückgreift, um ein breites Bild zukünftiger Entwicklungen aufzeigen zu können.

Zum Verständnis der übergeordneten Fragestellung ist es von grundlegender Bedeutung, sich vor Augen zu führen, dass touristische Produkte und Dienstleistungen wie Ausflüge, Reisen oder der Besuch eines Themenparks Erfahrungsgüter sind, also Güter bzw. Dienstleistungen, welche im Unterschied zu Suchgütern erst nach dem Erwerb der Tickets bzw. der Buchung, einer Qualitätskontrolle unterzogen werden können (Nelson 1970). Daher spielen Meinungen, Ratschläge und Vertrauen während der Vorkaufsphase, bzw. im Entscheidungsfindungsprozess eine besondere Rolle. Indem beispielsweise bereits vor der Buchung einer Urlaubsreise ein virtueller Blick auf das Urlaubsziel geworfen werden kann, könnten Virtual-Reality-Technologien so dazu beitragen, das wahrgenommene (Kauf-/Buchungs-)Risiko von Konsumenten zu verringern. Vor diesem Hintergrund sind

Virtual-Reality-Anwendungen von speziellem Interesse für das Destinationsmarketing, dessen Ziel es ist, ein bestimmtes Image für ein Tourismusziel (z. B.
ein Land, eine Region, oder einen Wintersportort) zu kreieren und dieses nach außen
konsistent und koordiniert zu kommunizieren (vgl. Connell 2005; Pike 2012). Daraus lässt sich konkret die folgende Forschungsfrage ableiten: Wie werden Virtual
Reality und die damit zusammenhängende Technologien die Auswahlentscheidung
bezüglich einer Tourismusdestination in einem mittelfristigen Zeitraum (Jahr 2025)
beeinflussen?

Um diese Frage beantworten sowie damit zusammenhängende Anwendungs-
felder von Virtual Reality im Destinationsmarketing erkennen und bewerten zu
können, geht die vorliegende Arbeit schrittweise vor. Um Einsichten in den der-
zeitigen Entwicklungsstand dieser Technologien zu gewähren, wird zunächst die
Verbreitung von Augmented und Virtual Reality unter Zuhilfenahme des Kon-
zepts des Hype-Zyklus und weiterer Analysewerkzeuge untersucht. Im Weiteren
werden die Anwendungsbereiche von Virtual Reality im Tourismus beschrieben.
Im Anschluss an die Beschreibung des methodischen Vorgehens, der Empirie
und der befragten Experten werden die sich herauskristallisierenden Zukunftsszenarien unter Verwendung von drei Dimensionen systematisch dargestellt:
1) geschätzte Eintrittswahrscheinlichkeit, 2) geschätzte Wirkungsstärke sowie
3) Grad der Einigkeit unter den Befragten. Abschließend wird die Bedeutung
der Entwicklung von Zukunftsszenarien für Virtual Reality im Tourismussektor
als ein entscheidender Faktor für die strategische Planung und Entscheidungsfindung, nicht nur im Tourismussektor, diskutiert. Darüber hinaus werden Ansatz-
punkte für weiterführende Forschung in diesem für die Wissenschaft und Praxis
gleichermaßen wichtigen und interessanten Themenfeld aufgezeigt.

Zur Relevanz von Virtual Reality in Wissenschaft und Praxis

2

2.1 Virtual Reality in Abgrenzung zu Augmented Reality

Milgram et al. (1995) beschreiben mit Mixed Reality das „Realitäts-Virtualitäts-Kontinuum", das von der echten Umgebung ohne virtuelle Elemente bis zur vollständig virtuellen Realität reicht (siehe Abb. 2.1). Mixed Reality beschreibt also die Kombination von realer Umgebung mit digitalen Inhalten unter Zuhilfenahme von technischen Geräten. Abhängig vom Einfluss digitaler Elemente ergeben sich daraus drei unterschiedliche Konzepte:

1. Augmented Reality (AR; zu Deutsch: erweiterte Realität), in der die Umgebung real ist, aber durch digitale Objekte erweitert wird,
2. Augmented Virtuality (AV; erweiterte Virtualität), in der Eigenschaften aus der realen Umwelt in virtuelle 3D-Welten übertragen werden, und
3. vollständige Virtual Reality (VR; virtuelle Realität), in der die echte Umgebung vollständig verschwindet und der Kunde in eine vollkommen digitale Welt eintaucht.

Im Folgenden wird näher auf Augmented Reality und Virtual Reality eingegangen, da es sich dabei um die dominierenden Technologien und die in der Forschung und Praxis am häufigsten verwendeten Begriffe handelt. Verschiedene Autoren haben sich mit den Gemeinsamkeiten und Unterschieden von Augmented und Virtual Reality auseinandergesetzt. AR wird dabei häufig als mit VR verwandtes, aber unterschiedliches Konzept beschrieben (Burdea und Coiffet 2003; Vince 2004; Porter und Heppelmann 2017).

© Springer Fachmedien Wiesbaden GmbH, ein Teil von Springer Nature 2019
T. Aichner et al., *Virtual Reality im Tourismus*, essentials,
https://doi.org/10.1007/978-3-658-23865-0_2

Abb. 2.1 Realitäts-Virtualitäts-Kontinuum. (basierend auf Milgram et al. 1995, S. 2)

Augmented Reality ist eine Visualisierungstechnik, die verschiedene Multimedia-Informationen zusammenfasst und diese mit einem realen Ausblick verknüpft (Hung et al. 2017). Augmented Reality ergänzt also die reale Welt mit virtuellen und computererzeugten Objekten, welche so erscheinen, als ob sie im selben Raum mit den Objekten der realen Welt koexistierten (van Krevelen und Poelman 2010). Augmented Reality lässt sich wie folgt zusammenfassen:

- AR verbindet reale und virtuelle Objekte in einem realen Umfeld
- AR lässt reale und virtuelle Objekte ineinander verschmelzen
- AR ist interaktiv in 3D und in Echtzeit erlebbar

Die Haupteigenschaft von Augmented Reality ist also die Kombination von realer und virtueller Welt in Echtzeit. In den letzten Jahren haben eine Reihe von technologischen Fortschritten zu einer signifikanten Verbesserung der AR-Technologie geführt (Daponte et al. 2014), insbesondere gesteigerte Prozessorleistungen, hochauflösende Bildschirme, sensiblere GPS-Sensoren, schnellere Internetverbindungen und zum Standard gewordenes Gerätezubehör, wie zum Beispiel Kameras oder Bewegungssensoren. Diese Entwicklungen sind auch ausschlaggebend für das steigende Interesse von Kunden an der Technologie. Obwohl viele AR-Applikationen auf eine aktive Internetverbindung setzen, gibt es auch Anwendungen, die ohne Internetzugang funktionieren.

Virtual Reality ist hingegen eine vollständig computer-generierte 3D-Umgebung, in der Anwender unter Nutzung eines oder mehrerer der fünf Sinne die Möglichkeit haben, zu navigieren und zu interagieren (Gutierrez et al. 2008; Vince 2004). Während sich Navigation auf die Fähigkeit bezieht, die virtuelle Umgebung zu erkunden, bezieht sich Interaktion auf die Fähigkeit, Objekte auszuwählen und zu bewegen (Gutierrez et al. 2008; Vince 2004). Jedes VR-System benötigt ein Input-Gerät, mit dem das Handeln des Benutzers interpretiert wird und mittels dem die virtuelle Umgebung reagieren kann. VR-Systeme registrieren Bewegungen des Nutzers, der z. B. ein Gerät in der Hand hält, und übertragen diese auf den virtuellen Körper (Avatar), mit dem der Nutzer durch die virtuelle Welt navigiert bzw.

mit virtuellen Objekten interagiert (Burdea und Coiffet 2003). Als Antwort auf den Input des Benutzers stellt das VR-System eine Sicht auf die virtuelle Umgebung dar. Im Zentrum der VR-Forschung steht traditionell die Visualisierung von Inhalten (z. B. Fantasy- oder reale Landschaften), die als grundlegend für VR angesehen werden (Gutierrez et al. 2008). Hinsichtlich dieses Aspekts unterscheidet sich das Forschungsfeld nicht von anderen Bereichen der Marketingforschung, die sich ebenfalls überwiegend mit dem Sehsinn von Konsumenten beschäftigt. Wenn es um VR geht, dann wird jedoch in anderen Studien neben dem Sehen auch das Hören hervorgehoben (BofA 2016). Wie leicht nachvollziehbar, gibt es zusätzlichen Forschungs- und Entwicklungsbedarf bei der Einbeziehung von Geschmacks-, Geruchs- und Tastsinn, sowie dem zur Feststellung der Körperhaltung und Orientierung im Raum wichtigen Gleichgewichtssinn. Für ein VR-Erlebnis sind gemäß Gutierrez et al. (2008) die Eigenschaften des körperlichen Eintauchens (Immersion) und der psychologischen Anwesenheit (Präsenz) ausschlaggebend. Immersion bezieht sich auf die Isolation von der realen Welt. In einer kompletten Isolation ist der User ganzheitlich in der VR-Welt und hat keinerlei Interaktion mit der realen Welt, während er in einer semi-isolierten Welt wie es z. B. 3D-Video-Spiele sind, einen Kontakt zur realen Welt behält (Guitierez et al. 2008). Mit Präsenz in der virtuellen Welt ist hingegen das Gefühl und nicht der Ort, in dem sich der Körper des Users gerade befindet, gemeint (Sanchez-Vives und Slater 2005). Ein hoher Grad der Präsenz wird erreicht, wenn sich der Anwender in der virtuellen Welt möglichst wie in der realen Welt verhält.

Aufgrund der bestehenden Unterschiede von AR und VR (vgl. Tab. 2.1) werden die beiden Technologien hinsichtlich ihrer bisherigen Verbreitung und ihres Entwicklungsstandes in den nachfolgenden Abschnitten vergleichend betrachtet.

Tab. 2.1 Hauptunterschiede von AR und VR. (basierend auf BofA 2016)

Eigenschaften	Augmented Reality (AR)	Virtual Reality (VR)
Physische Anwesenheit: Der Benutzer ist am Ort des Erlebnisses	Ja	Nein
Echtzeit: Der Benutzer interagiert in Echtzeit mit seiner Umgebung	Ja	Ja und nein
Darstellung von echter Umgebung	Ja	Nein
Bewegung: Der Benutzer kann sich physisch in der Umgebung bewegen	Ja	Nein
Layer: Ebene oder Schicht[a]	Meist 2D	3D

[a]Ein Layer wird als Ebene oder Schicht beschrieben. 2D steht für Zweidimensionalität, welche man sich als Fläche oder Ebene vorstellen kann, wohingegen 3D die Abkürzung für Dreidimensionalität ist und eine räumliche Struktur beschreibt

2.2   Zum aktuellen Entwicklungsstand von Augmented und Virtual Reality

Zum besseren Verständnis des Entwicklungsstandes von neuen, entstehenden Technologien und damit verbundenen typischen Entwicklungsverläufen wird zunächst den von der Beratungsfirma Gartner Inc. vorgeschlagenen **Hype-Zyklus** herangezogen. Der Hype-Zyklus ist eine grafische Darstellung eines gemeinsamen Entwicklungsmusters, welches sich durch jede neue aufkommende Technologie oder Innovation bildet (Panetta 2017). Der Hype-Zyklus ist anfänglich durch übermäßig enthusiastische Erwartungen seitens unterschiedlicher Technologieexperten und Marktbeobachter gekennzeichnet, der zu einer Blase führt. Sobald die anfänglichen Erwartungen nicht eintreffen oder Umsetzungsschwierigkeiten unterschätzt werden, folgt eine Periode der Enttäuschung und Ernüchterung. Viele Anwender wenden sich von der Technologie ab und viele neu gegründete Start-up-Unternehmen müssen aufgrund fehlender Umsätze wieder schließen. Hierfür wird unter anderem die fehlende Geduld, mehr jedoch die unzureichenden Fähigkeiten oder Ressourcen ursächlich gemacht, um die Technologie an jenen Punkt zu bringen, an welchem das Unternehmen den erwarteten Gewinn erzielen kann (u. a. Fenn und Raskino 2008).

Dementsprechend werden in der grafischen Repräsentation des Hype-Zyklus auf der Y-Achse die Einschätzungen zum zukünftigen Wert der neuen Technologie und auf der X-Achse der zeitliche Ablauf dargestellt. Ein Hype-Zyklus besteht typischer Weise aus fünf Phasen (siehe Abb. 2.2). Der technologische Auslöser – in der Regel eine öffentliche Vorstellung in Massenmedien – weckt das erste Interesse der Medien und der führenden Unternehmen der Industrie für die Technologie und bildet den Startpunkt des Hype-Zyklus. Häufig führt das zu einer, von erhöhter Medienaufmerksamkeit und -berichterstattung begleiteten, Welle der Begeisterung und „ins Kraut schießender", sich gegenseitig überbietender Visionen, die dazu führen, dass es zu überzogenen Erwartungen kommt. Sobald die erwarteten Ergebnisse nicht eintreffen, etwa weil technologische oder soziale Barrieren nicht überwunden werden können, wandeln sich die Erwartungen in Ungeduld und Enttäuschung um. Das sogenannte „Tal der Enttäuschungen" ist dann erreicht, wenn die Medien nun auch vermehrt über die negativen Erfahrungen mit der Technologie berichten. Laut Fenn und Raskino (2008) endet für sehr viele Unternehmen der Hype-Zyklus an diesem Punkt und sie schaffen es nicht, einen Nutzen für das Unternehmen zu schaffen bzw. Wert aus der Technologie zu generieren. Falls die Technologie das Tal der Enttäuschungen überwindet, resultiert das zum einen in einem Nutzen für die

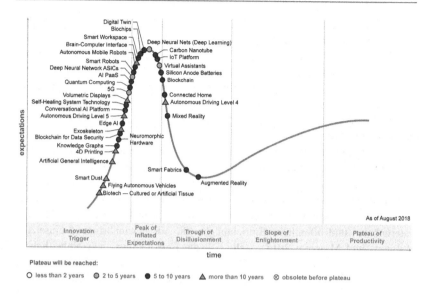

Abb. 2.2   Hype-Zyklus für entstehende Technologien, Stand: August 2018. (Quelle: Gartner Inc.)

Erstanwender, zum anderen in einem Aufschwung für die Technologie, die sich nun auf dem „Pfad der Erleuchtung" befindet. In dieser Phase wird das Wissen rund um die Technologie erweitert und die Produkte werden aufgrund der ersten Rückmeldungen seitens Vorreiterkunden (lead user) kontinuierlich verbessert. Schließlich erreichen erfolgreiche Technologien das „Plateau der Produktivität". Diese Phase ist gekennzeichnet durch deutlich werdende Vorteile der Technologie, die nun von einer breiten Kundenbasis akzeptiert und genutzt wird. Durch den erwiesenen Nutzen und das sinkende Risiko beschleunigt sich der Annahmeprozess der Kunden. Die Unternehmen schaffen es nun, Wert aus der Technologie zu ziehen (Fenn und Raskino 2008).

Bereits seit 1995 veröffentlicht Gartner den Hype-Zyklus für entstehende Technologien, die in zwei bis zehn oder mehr Jahren das Plateau der Produktivität erreichen könnten. In der aktuellsten Einschätzung (vgl. Abb. 2.2) zeigt sich, dass sich Augmented Reality demnach im Tal der Enttäuschungen befindet, Virtual Reality befand sich 2017 auf dem sogenannten Pfad der Erleuchtung und hat mittlerweile das Plateau der Produktivität erreicht. Als Erklärung geben Petrangeli et al. (2017) an, dass die Diffusion von AR neben der zukünftigen Entwicklung komplementärer Technologien (vor allem GPS, schneller Internetzugang,

Gesichtserkennungssoftware) von einem weiteren kritischen Faktor abhinge: die große Bandbreite, die Plattformen für den virtuellen Inhalt brauchen und diesbezüglich die Verwendung von HTTP/2 Protokollen[1] empfehlen. Die Entwicklung der letzten Jahre war zwar vor allem aufgrund der Verbesserung von Smartphones vielversprechend, und verschiedene Anbieter verwenden AR in ihren Applikationen, z. B. für Overlay-Einblendungsdaten in Datenbanken und Online-Karten, eine flächendeckende Verbreitung dürfte laut Panetta (2017) noch zwischen fünf und zehn Jahren dauern.

Demgegenüber könnte VR das Plateau der Produktivität bereits in zwei bis fünf Jahren erreichen, und somit zumindest aus praktischer Sicht für die mittelfristige Planung von Unternehmen und damit auch die uns hier besonders interessierenden Tourismusdestinationen wichtiger werden als AR. Trotz dieser vergleichsweise positiven Einschätzung und der zunehmenden Anzahl von Unternehmen und öffentliche Einrichtungen, die VR gewinnbringend einsetzen (Williams und Mascioni 2017), stellt sich die Entwicklung einer einheitlichen Wertschöpfung als zurzeit größte Herausforderung dar, sodass die Möglichkeit, ein gewinnversprechendes Geschäftsmodell mit VR-Applikationen aufzubauen, eingeschränkt erscheint.

Um die Relevanz von entstehenden Technologien besser einschätzen zu können, verwenden Forscher in der Regel zusätzlich zum Hype-Zyklus auch andere Methoden. Diese haben im Gegensatz zum Hype-Zyklus den Vorteil, die Wichtigkeit von Technologien zu quantifizieren und sie somit besser miteinander vergleichen zu können. Die häufigsten Ansätze sind:

- Anzahl der in den Medien veröffentlichten Artikel (z. B. Ruef und Markard 2010; Konrad et al. 2012; Alkemade und Suurs 2012),
- Suchverkehr und Google Trends (Jun und Park 2016), sowie
- eine Kombination von Suchverkehr (Erwartungen potenzieller Kunden), Anzahl von Patenten (Erwartungen von Anbietern), sowie Anzahl veröffentlichter Artikel (Erwartungen der Medien) (vgl. dazu Jun 2012).

Im Folgenden wird das umfassende Modell von Jun (2012) verwendet, um den aktuellen Entwicklungsstand zu quantifizieren.

---

[1]HTTP/2 ist die Weiterentwicklung von http, welches für Hypertext Transfer Protocol steht und für die Übertragung von Webseiten aus dem Internet verantwortlich ist. HTTP/2 beschleunigt die Kommunikation zwischen dem Benutzer (Client) und dem Server.

Der **Suchverkehr** und das damit in Zusammenhang stehende Interesse bzw. die Erwartungen potenzieller Kunden an „augmented reality" bzw. „virtual reality" ergibt die mittels Google Trends in Abb. 2.3 dargestellten Verläufe. Das Ergebnis zeigt, dass die Suchanfragen für VR im Dezember 2016 am höchsten waren. Im Verhältnis zu diesem Höchststand, der von Google Trends immer mit einem Wert von 100 repräsentiert wird, befindet sich AR mit Stand 31.12.2017 bei 13 und VR bei 48. Der Durchschnittswert von Januar 2004 bis Dezember 2017 liegt bei 6 für AR und 15 für VR. Seit 2015 dominiert VR die Suchanfragen somit deutlich.

Auch bei **Patenten** ist ein deutlicher Unterschied zwischen AR und VR zu erkennen (siehe Abb. 2.4). Die Anzahl der Patente wurde im Juli 2018 mit Stand 31.12.2017 für die Suchbegriffe „augmented reality" und „virtual reality" über die Datenbank von Scopus ermittelt.

Während die ersten VR-Patente aus dem Jahr 1986 datieren, wurde AR erstmals 1995 in einem Patent erwähnt. Mit insgesamt 97.096 Patenten dominiert VR deutlich, auch wenn 2017 erstmals mehr AR-Patente (9116) registriert wurden, womit AR auf insgesamt 33.058 Patente kommt.

Ein ähnliches Bild ergibt sich hinsichtlich der **Medienpräsenz** von AR und VR (siehe Abb. 2.5). Zur Berechnung wurden im Juli 2018 mit Stand 31.12.2017 die Suchbegriffe „augmented reality" und „virtual reality" über LexisNexis abgefragt. Die Suche beschränkte sich auf die wichtigsten globalen Medien (Major World Publications). Duplikate mit hoher Ähnlichkeit wurden ausgeschlossen.

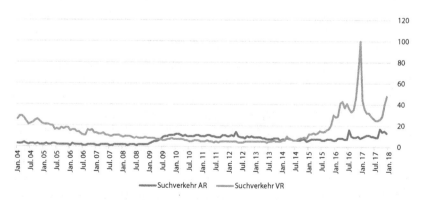

Abb. 2.3 Suchverkehr zu AR und VR von 2004–2017. (Quelle: Eigene Darstellung mit Daten von Google Trends)

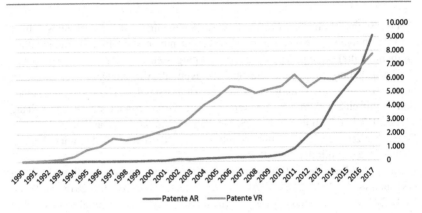

Abb. 2.4 Patente für AR und VR von 1990–2017. (Quelle: Eigene Darstellung mit Daten von Scopus)

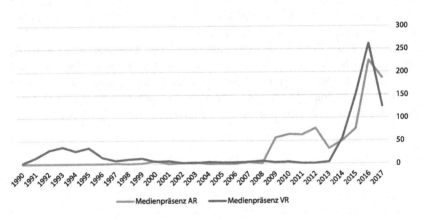

Abb. 2.5 Medienpräsenz zu AR und VR von 1990–2017. (Quelle: Eigene Darstellung mit Daten von LexisNexis)

Insgesamt fanden sich im Suchzeitraum 850 Einträge zum Thema AR und 830 zum Thema VR. AR wurde erstmals 1997, VR bereits 1990 behandelt. Interessant ist das größere Medieninteresse für AR im Zeitraum 2009 bis 2013, welches sich in den darauffolgenden Jahren mit Ausnahme von 2017 allerdings wieder zugunsten von VR verschoben hat.

Die Analyse der Erwartungen der Konsumenten (Suchverkehr), der Erwartungen der Anbieter (Patente) und der Erwartungen der Medien (Medienpräsenz) zeigt, dass VR im Vergleich zu AR bedeutsamer ist, auch wenn AR in den letzten Jahren an Relevanz gewonnen hat. Diese Ergebnisse bestätigen somit die Darstellung der beiden Technologien im Hype-Zyklus und lassen insgesamt den Schluss zu, dass Virtual Reality in der mittelfristigen Zukunft einen größeren Einfluss auf Konsumenten und Unternehmen haben wird, als Augmented Reality. Aus diesem Grund beschränkt sich die vorliegende Arbeit im weiteren Verlauf auf Virtual Reality.

Die Frage, in welcher Form und in welchen Bereichen Virtual Reality die Akteure – insbesondere im Tourismussektor – beeinflussen wird, lässt sich damit allerdings nicht beantworten, sondern muss im Rahmen einer Zukunftsstudie untersucht werden. Diese folgt nach einem kurzen Überblick über die derzeitige Anwendung von VR im Tourismus im nächsten Abschnitt.

2.3 Erste Anwendungen von Virtual Reality im Tourismus

In den vergangenen Jahren haben sich zahlreiche Studien mit der Anwendung von Virtual Reality im Tourismus auseinandergesetzt (Jung et al. 2018). Heute wird VR von Tourismusdestinationen beispielsweise für virtuelle Rundgänge verwendet, in denen Interessierte sich in einer digitalisierten Umgebung mehr oder weniger frei bewegen können (z. B. Kölner Dom unter www.dom360.wdr. de, oder Freiburger Weihnachtsmarkt, Römerberg und Schwarzwälder Trachtenmuseum unter www.360tourist.net). Im Vergleich zu Printanzeigen und TV-Spots schaffen es VR-Applikationen beispielsweise besser, Emotionen zu wecken und emotionale Reaktionen auszulösen (Felnhofer et al. 2015; Osti & Pechlaner 2001). Einen Hauptgrund sehen Forscher darin, dass im Gegensatz zu traditionellen Werbeformen ein starkes Gefühl von Präsenz entsteht (Serrano et al. 2016), weshalb allgemein von einem großen Potenzial für den Tourismussektor ausgegangen wird (Tussyadiah et al. 2018).

VR-Applikationen im Tourismusbereich lassen sich in folgende sechs Anwendungsbereiche einteilen (Guttentag 2010): Planung/Management, Marketing, Bildung/Forschung, Denkmalpflege, Zugänglichkeit/Barrierefreiheit sowie VR als Tourismusersatz.

Anwendungsbereich: Planung/Management
VR-Applikationen werden im Tourismusbereich vielfach zur Erstellung und Planung von Modellen verwendet. Sie bieten die Möglichkeit, die Umgebung aus unzähligen Perspektiven zu beobachten. Somit hat VR einen großen Vorteil

gegenüber der klassischen Vogelperspektive, da Veränderungen schneller erkannt und entsprechende Anpassungen vorgenommen werden können (Cheong 1995).

Anwendungsbereich: Marketing
Auf VR aufbauende Marketing- und insbesondere Werbeanwendungen sprechen in der Regel mehrere Sinnesorgane von Touristen an. Dadurch schaffen es Werbetreibende besser, den Wunsch nach Erholung, Abenteuer oder Erkundung zu wecken. Gerade im Tourismus ist die Sensorik sehr wichtig, da touristische Dienstleistungen von jedem Menschen subjektiv anders wahrgenommen werden. VR bietet dem zukünftigen Touristen bessere Möglichkeiten, das Urlaubsziel, z. B. einen Naturpark, kennenzulernen und ist somit effektiver als die klassische Printwerbung (Wan et al. 2005).

Anwendungsbereich: Bildung/Forschung
VR kann Lernen effizient unterstützen und eignet sich speziell dazu, eine Vielzahl an unterschiedlichen Informationen aufzunehmen, da Benutzer die Möglichkeit haben, ihre eigene räumliche Wahrnehmung zu nutzen, um die VR-Welt auf natürliche Weise zu erkunden (Jacobson und Holden 2005). Außerdem können Tourismus-Szenarien virtuell getestet werden, ohne oftmals reale historische Objekte in Mitleidenschaft zu ziehen (Chalmers und Debattista 2005).

Anwendungsbereich: Denkmalpflege
Die hohe Anzahl von Besuchern („overtourism") ist die größte Gefahr für nachhaltigen Tourismus, einem Forschungsfeld, das vor allem im letzten Jahrzehnt immer mehr Beachtung erfährt (Blancas et al. 2018). VR kann dabei helfen, dieser Gefahr entgegenzuwirken. Eine virtuelle Kopie des Originals in Form von VR kann Denkmäler schützen und dem Besucher trotzdem die Möglichkeit geben, das Gebäude frei zu erkunden (Paquet und Viktor 2005).

Anwendungsbereich: Zugänglichkeit/Barrierefreiheit
Eine Vielzahl von Forschern setzt sich außerdem mit barrierefreiem Tourismus auseinander (Springer Medizin 2018; Gillovich et al. 2018). Dabei geht es häufig um Menschen mit körperlichen Beeinträchtigungen, die eine nur eingeschränkte oder gar keine Möglichkeit haben, zu reisen. VR kann dabei helfen, physische Barrieren abzubauen oder für bestimmte Menschen unerreichbare Destinationen virtuell zu erleben. In der Praxis wird dieses Kundensegment häufig übersehen, obwohl es großes Potenzial hat (Huh und Singh 2007).

Anwendungsbereich: VR als Tourismusersatz
Der Großteil der Menschen bevorzugt echte gegenüber virtuellen Reisen (Paquet und Viktor 2005). Als Schwächen nennen Kunden etwa die fehlende Möglichkeit, entspannen oder Souvenirs kaufen zu können, und den Wunsch nach Spontaneität, welcher bei VR unerfüllt bleibt (Cheong 1995). Trotzdem gibt es – zusätzlich zu den in den beiden vorherigen Abschnitten genannten Gründen – Situationen, in denen VR zum Tourismusersatz werden kann, beispielsweise bei für die meisten Menschen nicht möglichen oder unbezahlbaren Reisen, wie etwa in die Antarktis oder zu fremden Planeten. So bietet beispielsweise die Immersive VR Education Ltd. die preisgünstige „Apollo 11 VR"-App an, die eine virtuelle Reise zum Mond erlebbar macht.

Obwohl einige Anbieter bereits heute fortgeschrittene VR-Anwendungen vermarkten, stellt sich folgende Frage: In welchen touristischen Bereichen wird sich VR in Zukunft durchsetzen? Um eine Antwort auf diese Frage zu finden und eine wissenschaftlich fundierte Vorhersage treffen zu können, werden im nächsten Kapitel erst eine Reihe von Prognosen aus der Literatur abgeleitet, die dann von Experten bewertet wurden, um daraus schließlich Zukunftsszenarien ableiten und beschreiben zu können.

Zur Methodik

3

Modelle, welche die Zukunft prognostizieren, sind komplex und nicht immer genau genug, um zukünftige Ereignisse zu antizipieren. Sie können die zukünftige Entwicklung nur mit gewissen Einschränkungen vorhersagen (Saritas und Oner 2004). Die Kernidee von Vorhersagen ist es, Entscheidungsträgern bestimmte Richtungen vorzugeben und sie in politischen, ökonomischen, sozialen und technologischen Entscheidungen in Zeiten großer Unsicherheiten zu unterstützen (Powell 1992). Vorhersagemethoden werden in explorative, normative und von explorativen und normativen Methoden unterteilt (Cho und Daim 2013). Explorative Methoden sagen die Zukunft anhand der aktuellen Situation der Technologie und einer Wachstumsrate voraus, so zum Beispiel bei der S-Kurve (Roberts 1969). Normative Methoden werden verwendet, um den Weg zu zukünftigen Bedürfnissen und Zielen festzustellen. Sie geben die Wahrscheinlichkeit der Vorhersagen unter anderem in Prozentwerten an. Somit kann der gesamte Prozess, von der Gegenwart bis zur Zukunft, besser nachverfolgt werden (Roberts 1969). Diese Methodenart umfasst unter anderem die multikriterielle Entscheidungsanalyse, die einen Mix zwischen explorativen und normativen Methoden darstellt. In diese Kategorie fällt auch die Delphi-Methode (TFAMW Group 2004), die in dieser Studie verwendet wird, um den aktuellen Stand von VR im Tourismus in die Zukunft zu projizieren und um die Wahrscheinlichkeiten der übereistimmenden Effekte zwischen Tourismusindustrie und Touristen festzustellen.

Die **Delphi-Methode** ist ein interaktives, mehrphasiges Vorhersagemodell, welches auf Expertenaussagen basiert, um technologische Fortschritte und Trends zu ermitteln. Das Ziel der Methode ist es, komplexe Gruppenmeinungen zu strukturieren und Einigkeit bezüglich der Einschätzung zukünftiger Entwicklungen

© Springer Fachmedien Wiesbaden GmbH, ein Teil von Springer Nature 2019
T. Aichner et al., *Virtual Reality im Tourismus,* essentials,
https://doi.org/10.1007/978-3-658-23865-0_3

Abb. 3.1 Delphi-Prozess. (In Anlehnung an von der Gracht und Darkow 2010)

zu erreichen (Linstone und Turoff 1975). Die Prognosen der Befragung müssen dabei kurz, eindeutig und gut nachvollziehbar sein, um Unklarheiten oder Mehrdeutigkeiten zu vermeiden (Linstone und Turoff 1975). Delphi-Befragungen sind generell anonym, finden in schriftlicher Form statt und werden in mehreren Phasen abgefragt. Den Vorteilen der Delphi-Methode stehen auch Nachteile gegenüber, wie die zeitliche Beanspruchung der Experten (Gnatzy et al. 2011), die häufig zu geringen Antwort- und hohen Absprungraten führen kann (Keller und von der Gracht 2014). Um diesen Problemen zu begegnen und das große Ganze nicht aus dem Blick zu verlieren, wird bei der Verwendung der Delphi-Methode eine systematische Herangehensweise und der Einsatz zusätzlicher Instrumente empfohlen (Saritas und Oner 2004; Best 1974). Deshalb wurden zusätzlich qualitative Ausführungen bzw. Meinungen der Experten zur jeweiligen Aussage erhoben.

Zur Beantwortung der Frage, wie Virtual Reality und die damit zusammenhängenden Technologien speziell die Auswahlentscheidung bezüglich einer Tourismusdestination in einem mittelfristigen Zeitraum (Jahr 2025) beeinflussen werden, wurden I) mithilfe der PEST-Analyse[1] 18 Prognosen bzw. Projektionen für die Zukunft erstellt, II) 19 Experten anhand verschiedener Kriterien als Teilnehmer ausgewählt, III) zwei Befragungsrunden mit 10 Teilnehmern durchgeführt und IV) Zukunftsszenarien errechnet. Abb. 3.1 fasst den Forschungsprozess zusammen.

---

[1]PEST ist ein Rahmenkonstrukt zur Analyse von politischen, ökonomischen, soziokulturellen und technologischen Umweltfaktoren (Wilson und Gilligan 2012). Die Stärke einer PEST-Analyse liegt vor allem in der Annahme, dass der Erfolg eines Unternehmens oder einer Technologie nicht ausschließlich von einzelnen Faktoren abhängt, sondern ganzheitlich betrachtet werden muss.

3.1 Schritt I: Entwicklung der Prognosen

Ausgangspunkt der Delphi-Umfrage waren ein weites Spektrum an Fragen, die auf der Anwendung einer PEST-Analyse basieren, um einen ganzheitlichen Bezug zum Thema herzustellen (vgl. Wilson und Gilligan 2012). Insgesamt wurden 18 Prognosen (P) aus vier Kategorien entwickelt, die a) politische, b) ökonomische, c) soziokulturelle und d) technologische Faktoren umfassen. Die politischen Faktoren beziehen sich auf Eigentumsrechte, die ökonomischen Faktoren gehen auf die Veränderung von Geschäftsmodellen bzw. deren Innovationen und auf Marketing-Aktivitäten ein, während die soziokulturellen Faktoren das Verhalten und die Markttrends der Konsumenten bzw. der Touristen untersuchen. Den letzten Bereich bilden die technologischen Faktoren, welche die Veränderungen bzw. Verbesserungen im technologischen Bereich untersuchen und die Erstellung von Inhalten, welche die Angebotsseite verändern könnten.

Politische Faktoren
Wenn sich eine Innovation im technologischen Bereich anbahnt, ergeben sich im rechtlichen Bereich Fragen, welche beantwortet werden müssen. Die gesetzlichen Belange im Zusammenhang mit dem Eigentumsrecht in VR werden eingeteilt in Eigentumsrechte, welche der realen Welt zuzuordnen sind und eine Rolle in der virtuellen VR-Welt haben (z. B. Markenrechte), sowie Eigentumsrechte, die der virtuellen Welt zuzuordnen sind und eine Rolle in der realen Welt haben (z. B. Kryptowährungen[2]) (Dentons 2017).

Um das VR-Erlebnis so realitätsgetreu wie möglich zu gestalten, ist es notwendig, eine Visualisierung der realen Welt zu gewährleisten, welche zum Beispiel Gebäude von außen und innen wirklichkeitsgetreu darstellen (Dentons 2017). Dies ist in einigen, jedoch nicht in allen EU Mitgliedsstaaten erlaubt und fällt unter das Gesetz „Freiheit des Panoramas" (Freedom of Panorama Rights) (Dentons 2017).

P01: Im Jahr 2025 können Destinationen in Europa öffentliche Gebäude (z. B. Louvre, Guggenheim Museum Bilbao, Stadio San Siro) von außen und innen für Touristen via VR-Technologie zugänglich machen.

---

[2]Eine Kryptowährung ist ein digitales Zahlungsmittel, welches auf Prinzipien der Dezentralisierung basiert, um Transaktionssicherheit zu gewährleisten. Als Zahlungsmittel ist es noch äußert umstritten.

Unternehmen wie Oculus geben Inhalte erst nach Überprüfung frei, um erschreckende und grausame VR-Erlebnisse zu vermeiden (Schnider 2016).

> P02: Im Jahr 2025 wird vor der Freigabe einer VR-Applikation ein automatischer Algorithmus eine Inhaltskontrolle durchführen, um erschreckende und grausame VR-Erlebnisse zu vermeiden.

Ökonomische Faktoren

Laut Markides (2006) sollte eine innovative Geschäftsmodellinnovation im Bereich VR neue Kunden ansprechen oder bereits bestehende Kunden zu höherem Konsum anregen.

> P03: Im Jahr 2025 werden mindestens 5 % der Touristen durch die VR-Technologie auf eine Tourismusdestination aufmerksam.

> P04: Im Jahr 2025 werden Touristen durch die VR-Technologie durchschnittlich deutlich mehr ausgeben als heute.

Die Verwendung von VR-Technologie in der Marketingstrategie könnte die Entscheidung zugunsten einer bestimmten Destination beeinflussen (Williams und Hobsen 1995). Die World Tourism Organization UNWTO sieht VR als wichtiges Element in der Tourismusindustrie.

> P05: Im Jahr 2025 werden VR-Applikationen einen großen Einfluss auf die Wahl der Urlaubsdestination haben.

> P06: Im Jahr 2025 werden Reiseanbieter bzw. Reisebüros ihr Geschäftsmodell umstellen und VR-Headsets gehören zur Grundausstattung, wie im Jahr 2017 Kataloge und die PC Ausstattung.

VR-Schaufenster oder Raum-Shopping-Erlebnisse könnten in Zukunft dieselbe Wichtigkeit bekommen, wie es heutzutage Webseiten genießen (z. B. Buy+ von Alibaba). Dieses Geschäftsmodell, welches auf dem Prinzip „vorher ausprobieren und danach kaufen" basiert, könnte das Businessmodell der Zukunft für die Tourismusindustrie werden (Lundy 2015).

> P07: Im Jahr 2025 werden 50 % der Tourismusdestinationen weltweit virtuell mit der VR-Technologie erlebbar sein.

Im Bereich des virtuellen Ausprobierens der VR-Technologie ist der Immobilienmarkt in den USA besonders aktiv, in dem verschiedene Immobilienanbieter den

Interessenten bereits VR Google Cardboards[3] zur Verfügung stellen, um Objekte virtuell zu erleben (Mandelbaum 2015).

> P08: Im Jahr 2025 können 30 % aller bereits online buchbaren Beherbergungsbetriebe virtuell mit der VR-Technologie bei führenden Tourismusportalen gebucht werden.

Aufgrund der Attraktivität und des hohen Potenzials für das Destinationsmarketing, haben Tourismusorganisationen begonnen, virtuelle Welten als Marketingtool zu verwenden (Huang et al. 2012).

> P09: Im Jahr 2025 werden Tourismusdestinationen mindestens 20% ihres Marketingbudgets in virtuelle Welten (wie z. B. Second Life) investieren.

Virtuelle Welten geben dem Anwender die Möglichkeit, einen persönlichen Avatar zu erstellen, mit welchem es möglich ist, selbstständig die virtuelle Welt zu erkunden, an virtuellen Aktivitäten teilzunehmen und mit anderen Anwendern zu kommunizieren (Aichner und Jacob 2015). Diese Welten verwenden des Öfteren eigene digitale Währungen, welche dem Anwender (Privatperson oder Unternehmen) die Möglichkeit geben, virtuelle Objekte zu kaufen bzw. zu verkaufen (Aichner und Jacob 2015). Verschiedene Unternehmen aus unterschiedlichsten Branchen haben sich eine Corporate Identity in den virtuellen Welten erschaffen, um die Intention für einen Kauf in der realen Welt zu steigern (Guo und Barnes 2011; Domina et al. 2012). Sie nutzen diese zur Kommunikation und Zusammenarbeit. Bekannte Beispiele sind IBM, Toyota, Adidas, Coca-Cola und Sony (Tikkanen et al. 2009).

> P10: Im Jahr 2025 werden vermehrt lokale Produkte aus verschiedenen Destinationen in virtuellen Welten vorkommen.

Soziokulturelle Faktoren
Ein Hauptaspekt der VR-Technologie im Tourismus ist die potenzielle Veränderung des Verhaltens von Touristen und der Nachfragestruktur. Spezifische Marktsegmente könnten aus Senioren, Personen mit Beeinträchtigungen oder Reiseagenturen bestehen. Bezogen auf die Anwender-Generationen geht die BofA (2016) davon aus, dass die Millennials-Generation Y und die Generation Z zu den wichtigsten Zielgruppen zählen, da aus einer Umfrage ersichtlich wurde,

---

[3] VR Google Cardboards (VR-Kartonboxen) sind eine einfache und günstige Weise, VR-Inhalte zu erleben. In die Kartonbox wird frontal das Smartphone eingeführt, um danach den VR Inhalt durch die Brille auf dem Bildschirm des Smartphones zu sehen.

dass zwei von fünf befragten Personen aus der Generation Y und Generation Z Interesse an einem VR-Headset haben. Diese Gruppen umfassen circa 4,4 Mrd. Menschen bzw. ca. 59 % der Weltbevölkerung.

P11: Im Jahr 2025 werden 50% der Haushalte in Industriestaaten im Besitz von VR-Headsets sein.

P12: Im Jahr 2025 werden Kunden direkt von zu Hause aus virtuell mit der VR-Technologie Destinationen und Beherbergungsbetriebe auswählen, welche sie bereisen möchten.

Munster et al. (2015) erwarten eine gravierende Veränderung der Tourismusbranche und eine ähnliche Marktpenetration von VR, wie sie bei der Einführung der Smartphones stattfand. In eine ähnliche Richtung verweisen Forscher der BofA (2016), die VR das Potenzial zusprechen, den TV-, PC- und Smartphone-Markt als führende elektronische Plattformen abzulösen.

P13: Im Jahr 2025 wird die Nutzung von VR in der Urlaubsplanung so selbstverständlich sein, wie im Jahr 2017 die Nutzung von Smartphones.

P14: Im Jahr 2025 wird VR im Tourismus unter den ersten drei Medienkanälen sein, um Erfahrungen aus dem Urlaub auszutauschen.

Technologische Faktoren
Bezogen auf die Basistechnologien, die VR auch in Zukunft bestimmen werden, lassen sich drei Komponenten unterscheiden (BofA 2016, S. 78): a) Input-Geräte wie Sensoren, b) Rechenleistung wie Prozessoren, CPUs, GPUs[4] und c) Output-Geräte wie Displays. Technologisch bedingt lassen sich aktuell hauptsächlich der Seh- und Hörsinn ansprechen. Allerdings ist es wahrscheinlicher, dass sich ein Kunde an eine erlebte Erfahrung aufgrund des Geruchs erinnert, als aufgrund eines bestimmten Tons oder durch das Gesehene (Pawaskar und Goel 2014). Vielfach führt ein bestimmter Geruch zum wiederholten Konsum und ist daher ein erprobtes Mittel, um den Verkauf im Allgemeinen zu fördern. Die Integration von weiteren Sinneswahrnehmungen ist einer der Schlüsselaspekte, um das große Potenzial von VR vollständig zu erschließen (Gallace und Spence 2014).

---

[4]CPU ist der zentrale Prozessor bzw. das Gehirn des PCs und steht für „central processing unit", GPU steht für „graphic processing unit", also den Grafikprozessor.

P15: Im Jahr 2025 wird die Integration von Gerüchen in VR-Applikationen dazu führen, dass VR im Tourismussektor vermehrt eingesetzt wird.

Laut Teideman (2014) wird die Verbesserung des Tastsinns bei VR-Applikationen dazu führen, dass Kunden ihre Reisen in Zukunft anders buchen. So soll etwa der Sand am Strand gespürt werden können, bevor der Tourist sich entscheidet.

P16: Im Jahr 2025 wird die Integration von haptischen Elementen (Dinge, die ertastet oder gespürt werden können) in VR-Applikationen dazu führen, dass Touristen die geeignete Urlaubsdestination finden und Besonderheiten besser vermittelt werden können.

Ein weiteres wichtiges Thema im Bereich VR ist die Erstellung der Inhalte. Es gibt drei Wege um den Inhalt für ein umfassendes körperliches Eintauchen (Immersion) zu erstellen (BofA 2016, S. 107): a) Die Animation einer 3-D-Umgebung, b) 3-D-Videoaufzeichnungen und c) die Erstellung eines 3-D-Umfeldes mit der Einbindung von Fotos und Videos.

P17: Im Jahr 2025 werden mehr als 20 % der erstellten touristischen Videos VR-Aufnahmen sein, welche mit einer 360-Grad-Kamera erstellt wurden.

Eine der größten Hürden hinsichtlich der Verwendung von VR ist die sogenannte VR-Krankheit (VR-Motion-Sickness[5]), welche Kopfschmerzen, Übelkeit, Brechreiz, Orientierungslosigkeit und andere Symptome auslösen kann und aufgrund von technologischen Problemen wie z. B. Ladewartezeiten und Bewegungsstörungen ausgelöst wird (Fernandes und Feiner 2016).

P18: Im Jahr 2025 wird die VR-Krankheit (VR-Motion-Sickness) der Vergangenheit angehören.

Übersicht über die den Experten zur Verfügung gestellten Prognosen
Die achtzehn den Experten zur Verfügung gestellten Prognosen lassen sich einer Angebots- bzw. Nachfrageseite zuordnen (siehe Tab. 3.1), wobei anzumerken ist,

---

[5]„Motion Sickness" wird eigentlich als Begriff zur Beschreibung der Reisekrankheit verwendet. In Zusammenhang mit VR-Applikationen nimmt das Gehirn eine visuelle Bewegung wahr, welche das Innenohr (das zuständige Organ für die Registrierung körperliche Bewegung) nicht wahrnimmt. Das Gehirn ist somit der Meinung, der Körper befindet sich nicht im Normalzustand und leitet Gegenmaßnahmen ein.

Tab. 3.1 Zukunftsprognosen auf der Angebots- bzw. Nachfrageseite

Prognosen (P) Angebotsseite	Prognosen (P) Nachfrageseite
P01: Im Jahr 2025 können Destinationen in Europa öffentliche Gebäude (z. B. Louvre, Guggenheim Museum Bilbao, Stadio San Siro) von außen und innen für Touristen via VR-Technologie zugänglich machen	P03: Im Jahr 2025 werden mindestens 5 % der Touristen durch die VR-Technologie auf eine Tourismusdestination aufmerksam
P02: Im Jahr 2025 wird vor der Freigabe einer VR-Applikation ein automatischer Algorithmus eine Inhaltskontrolle durchführen um erschreckende und grausame VR-Erlebnisse zu vermeiden	P04: Im Jahr 2025 werden Touristen durch die VR-Technologie durchschnittlich deutlich mehr ausgeben als heute
P06: Im Jahr 2025 werden Reiseanbieter bzw. Reisebüros ihr Geschäftsmodell umstellen und VR-Headsets gehören zur Grundausstattung, wie im Jahr 2017 Kataloge und die PC Ausstattung	P05: Im Jahr 2025 werden VR-Applikationen einen großen Einfluss auf die Wahl der Urlaubsdestination haben
P07: Im Jahr 2025 werden 50 % der Tourismusdestinationen weltweit virtuell mit der VR-Technologie erlebbar sein	P11: Im Jahr 2025 werden 50 % der Haushalte in Industriestaaten im Besitz von VR-Headsets sein
P08: Im Jahr 2025 können 30 % aller bereits online buchbaren Beherbergungsbetriebe virtuell mit der VR-Technologie bei führenden Tourismusportalen gebucht werden	P12: Im Jahr 2025 werden Kunden direkt von zu Hause aus virtuell mit der VR-Technologie Destinationen und Beherbergungsbetriebe auswählen, welche sie bereisen möchten
P09: Im Jahr 2025 werden Tourismusdestinationen mindestens 20 % ihres Marketingbudgets in virtuelle Welten (wie z. B. Second Life) investieren	P13: Im Jahr 2025 wird die Nutzung von VR in der Urlaubsplanung so selbstverständlich sein, wie im Jahr 2017 die Nutzung von Smartphones
P10: Im Jahr 2025 werden vermehrt lokale Produkte aus verschiedenen Destinationen in virtuellen Welten vorkommen	
P14: Im Jahr 2025 wird VR im Tourismus unter den ersten drei Medienkanälen sein, um Erfahrungen aus dem Urlaub auszutauschen	
P15: Im Jahr 2025 wird die Integration von Gerüchen in VR-Applikationen dazu führen, dass VR im Tourismussektor vermehrt eingesetzt wird	

(Fortsetzung)

Tab. 3.1 (Fortsetzung)

Prognosen (P) Angebotsseite	Prognosen (P) Nachfrageseite
P16: Im Jahr 2025 wird die Integration von haptischen Elementen (Dinge, die ertastet oder gespürt werden können) in VR-Applikationen dazu führen, dass Touristen die geeignete Urlaubsdestination finden und Besonderheiten besser vermittelt werden können	
P17: Im Jahr 2025, werden mehr als 20 % der erstellten touristischen Videos VR-Aufnahmen sein, welche mit einer 360-Grad-Kamera erstellt wurden	
P18: Im Jahr 2025 wird die VR-Krankheit (VR-Motion-Sickness) der Vergangenheit angehören	

dass die Angebotsseite des Destinationsmarketings im Gegensatz zur Nachfrageseite insgesamt schlechter erforscht ist (Baker und Cameron 2008).

3.2 Schritt II: Expertenauswahl

Es gibt keine eindeutige Vorgabe, wie groß ein Expertenpanel sein sollte. Panelgrößen hängen vom Panelzweck, der gewünschten Panelheterogenität und der Verfügbarkeit der Experten im gewünschten Themenbereich ab (Loo 2002). Ein wichtiger Punkt ist die Panelheterogenität, welche bei einem hohen Wert akkuratere Schätzungen bzw. Vorhersagen liefert, da diverse Ansichten von den Teilnehmern eingebracht werden (Yaniv 2011). Für diese Erhebung wurden 19 Experten[6] aus dem Destinationsmanagement, der Unternehmensberatung, dem IT-Bereich und der Forschung durch eine systematische Auswertung verschiedener Online-Quellen und des beruflichen Netzwerkes LinkedIn identifiziert und zur Teilnahme eingeladen. Mindestens zwei der folgenden drei Kriterien

---

[6]Es wurden sowohl weibliche als auch männliche Experten zur Teilnahme eingeladen. Aus Gründen der Verständlichkeit wird im Folgenden immer die männliche Form verwendet, obwohl selbstverständlich immer die feminine und maskuline Form gemeint ist.

mussten zutreffen, um sich für eine Teilnahme zu qualifizieren: a) technische
Spezialisierung im VR-Bereich, b) mindestens eine Publikation zum Thema VR,
und/oder c) Interesse an VR, Tourismus und deren zukünftiger Entwicklung. Von
19 eingeladenen Experten haben sich zehn an der ersten und/oder zweiten Phase
der Delphi-Studie beteiligt (siehe Abb. 3.2). Neun Personen haben nicht auf die
Einladung reagiert. Alle Teilnehmer stammten aus dem deutschsprachigen Alpenraum (Deutschland, Italien, Österreich, Schweiz).

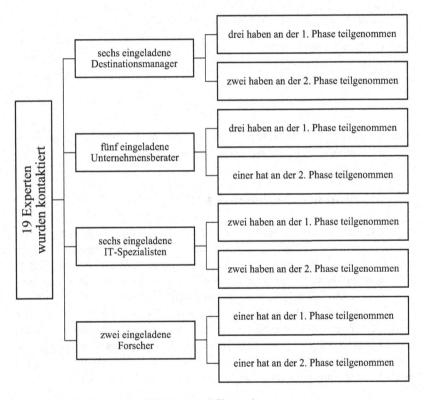

Abb. 3.2 Organigramm der Teilnehmer nach Kategorie

3.3 Schritt III: Anwendung der Online-Delphi-Methode

Im Rahmen dieser Forschung wurde eine zweiphasige Online-Delphi-Befragung durchgeführt. Der Zeitraum der Befragung betrug insgesamt 24 Tage, von denen die Teilnehmer neun Tage für die Beantwortung der ersten Phase (18.12.2017 bis 27.12.2017) und acht Tage für die zweite Phase (03.01.2018 bis 11.01.2018) zur Verfügung hatten. Am 03.01.2018 wurden den Teilnehmern die Ergebnisse der ersten Phase und der Link zum Fragebogen der zweiten Phase per E-Mail zugesendet.

Die Vorgehensweise und der Fragebogen orientierten sich an der Studie von Jiang et al. (2017), welche die Zukunft von 3-D-Druckern, einer mit VR vergleichbaren, disruptiven Zukunftstechnologie, analysiert haben. In der ersten Phase erhielten alle Teilnehmer einen Fragebogen, in dem für jede der 18 Prognosen die Eintrittswahrscheinlichkeit von 0–100 % angegeben werden musste. Außerdem musste der Einfluss der jeweiligen Prognose auf Tourismusdestination und Touristen auf einer Likert-Skala von 1 (sehr kleiner Einfluss) bis 5 (sehr großer Einfluss) angegeben werden. Ein Textfeld gab den Respondenten die Möglichkeit, ihre Antworten zu begründen oder Unklarheiten in der Fragestellung zu beschreiben.

Nach Erhalt der Antworten der ersten Phase wurden diese ausgewertet und für die zweite Phase zusammengefasst. Die Experten erhielten nach einigen Tagen eine weitere E-Mail mit den Mittelwerten, der Standardabweichung, dem Interquartilsabstand (IQR) und den qualitativen Kommentaren aller Teilnehmer – allerdings nur für jene Prognosen, die in der ersten Phase keinen Konsens erzielt hatten. Die Betrachtung der anonymisierten Antworten aller Teilnehmer gab den Respondenten die Möglichkeit, seine bzw. ihre eigene Meinung zu überdenken und ggf. anzupassen. Mit dem Hinweis, sowohl die quantitativen als auch die qualitativen Kommentare der Teilnehmer aus der ersten Phase sorgfältig zu berücksichtigen, konnten die Experten ihre Antworten aus der ersten Phase anpassen oder unverändert lassen. Mit dieser Herangehensweise wurde erreicht, die Einigkeit der Experten zu erhöhen und eine höhere Validität der Daten zu erhalten (vgl. von der Gracht und Darkow 2010).

Ergebnisse

4

In diesem Kapitel werden die Ergebnisse der Delphi-Studie vorgestellt. In einem ersten Schritt werden die deskriptiven Statistiken evaluiert, daraufhin werden Szenarien erstellt und schließlich einzelne Prognosen vorgestellt (siehe Abb. 4.1).

4.1 Deskriptive Ergebnisse

Tab. 4.1 zeigt die finalen quantitativen Ergebnisse der beiden Phasen der Delphi-Studie und gibt Aufschluss über den Interquartilsabstand (IQR), die Standardabweichung, den Mittelwert der Eintrittswahrscheinlichkeiten der einzelnen Prognosen (in %) und den Mittelwert des Einflusses auf Destinationen bzw. Touristen. Einigkeit unter den Experten wurde bei einem IQR der Prognose von kleiner gleich 2,0 in der ersten Phase (vgl. von der Gracht und Darkow 2010) bzw. kleiner gleich 2,5 in der zweiten Phase erzielt. Die letztgenannten Autoren untersuchten die Wahrscheinlichkeit des Eintritts der Prognosen anhand einer Skala von 0 bis 10, während im vorliegenden Fall eine Skala von 0 bis 100 angewandt wurde. Zur besseren Vergleichbarkeit mit anderen Studien wurde der IQR der Eintrittswahrscheinlichkeit der Prognosen deshalb durch 10 dividiert.

In der ersten Phase wurde in 6 von 18 Fällen bezüglich der Vorhersagen eine Einigkeit erzielt (33,3 %). Nach der zweiten Phase konnte ein weiterer Konsens erzielt werden, sodass insgesamt bei 7 von 18 (38,8 %) Vorhersagen Einigkeit erreicht wurde. Bei weiteren drei Prognosen hat sich der IQR zwischen der ersten und zweiten Phase verbessert. In der ersten Phase waren sich die Experten bei folgenden Prognosen einig: P01 *(Zugänglichkeit von Gebäuden)*, P02 *(erschreckende und grausame VR-Erlebnisse)*, P09 *(20 % Marketingbudget in virtuelle Welten)*, P15 *(Integration von Gerüchen)* und P16 *(Integration von haptischen Elementen)*.

© Springer Fachmedien Wiesbaden GmbH, ein Teil von Springer Nature 2019
T. Aichner et al., *Virtual Reality im Tourismus*, essentials,
https://doi.org/10.1007/978-3-658-23865-0_4

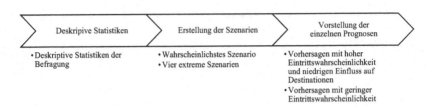

Abb. 4.1 Vorgehensweise im Rahmen der Datenauswertung und der Erstellung von Szenarien

Nach der zweiten Phase waren sich die Teilnehmer hinsichtlich einer weiteren Prognose einig: P10 *(lokale Produkte in virtuellen Welten)*. Die Tatsache, dass ‚nur' in 7 von 18 Prognosen Einigkeit erzielt wurde, ist keine Seltenheit in Delphi-Studien, welche sich mit Zukunftstechnologien auseinandersetzen (Keller und von der Gracht 2014).

Der Vergleich der Standardabweichung der beiden Phasen zeigt, dass diese in der zweiten Phase bei 11 von 12 Prognosen kleiner wurde. Den größten Rückgang der Standardabweichung verzeichnet P07 *(50 % der Tourismusdestinationen mit VR erlebbar)* mit einem Rückgang von 10,1 %. Die Ergebnisse des Einflusses auf Destinationen und Touristen werden ebenfalls in Tab. 4.1 gezeigt. Bei 10 von 18 Vorhersagen liegt der Einfluss auf Destinationen bei 3,0 oder höher. Beim Einfluss auf Touristen haben 7 von 18 Prognosen einen Wert von mindestens 3,0 erzielt, was allgemein einem „hohen Einfluss" entspricht.

Bei 7 von 18 Prognosen liegt der Mittelwert der Eintrittswahrscheinlichkeit unter 50 %. Untersucht man die Prognosen, welche einen IQR Wert von unter 2,0 aufweisen, zeigt sich, dass lediglich in 2 von 7 Prognosen eine Eintrittswahrscheinlichkeit von über 50 % vorliegt. Erhöht man den IQR-Bezugswert auf 2,5 kommen weitere drei Prognosen infrage (P03, P12, P17), die eine Eintrittswahrscheinlichkeit von über 50 % aufweisen.

Auf diesen Ergebnissen basiert das im nächsten Kapitel beschriebene wahrscheinlichste Zukunftsszenario für VR im Tourismus. Als Voraussetzung wurde für die bereits einleitend erwähnten drei Dimensionen folgende Werte festgelegt: 1) eine hohe geschätzte Eintrittswahrscheinlichkeit mit IQR von mindestens 2,5, 2) eine hohe geschätzte Wirkungsstärke bzw. ein Einfluss auf Tourismusdestinationen von mindestens 3,0 sowie 3) Einigkeit unter den Befragten.

Tab. 4.1 Deskriptive Ergebnisse der Delphi-Studie nach der ersten und nach der zweiten Phase

Prognosen	Eintrittswahrscheinlichkeit 1. Phase			Eintrittswahrscheinlichkeit 2. Phase			Veränderung Mittelwert	Veränderung SD	Einfluss auf Destinationen	Einfluss auf Touristen
	IQR	Mittelwert	SD	IQR	Mittelwert	SD				
P01[a]: Im Jahr 2025 können Destinationen in Europa öffentliche Gebäude (z. B. Louvre, Guggenheim Museum Bilbao, Stadio San Siro) von außen und innen für Touristen via VR-Technologie zugänglich machen	1,50	85,56	23,11	(Einigkeit nach 1. Phase)			–	–	3,11	2,89
P02[a]: Im Jahr 2025, wird vor der Freigabe einer VR-Applikation ein automatischer Algorithmus eine Inhaltskontrolle durchführen um erschreckende und grausame VR-Erlebnisse zu vermeiden	2,00	73,33	15,81	(Einigkeit nach 1. Phase)			–	–	1,67	2,00
P03[b]: Im Jahr 2025 werden mindestens 5 % der Touristen durch die VR-Technologie auf eine Tourismusdestination aufmerksam	2,50	65,00	24,37	2,50	64,29	21,49	–0,71	–2,88	3,67	3,11
P04[a]: Im Jahr 2025 werden Touristen durch die VR-Technologie durchschnittlich deutlich mehr ausgeben als heute	2,00	25,56	25,43	(Einigkeit nach 1. Phase)			–	–	2,78	2,11

(Fortsetzung)

Tab. 4.1 (Fortsetzung)

Prognosen	Eintrittswahrscheinlichkeit 1. Phase			Eintrittswahrscheinlichkeit 2. Phase			Veränderung Mittelwert	Veränderung SD	Einfluss auf Destinationen	Einfluss auf Touristen
	IQR	Mittelwert	SD	IQR	Mittelwert	SD				
P05: Im Jahr 2025 werden VR-Applikationen einen großen Einfluss auf die Wahl der Urlaubsdestination haben	4,00	39,44	29,20	6,00	50,71	35,29	11,27	6,09	3,11	2,67
P06: Im Jahr 2025 werden Reiseanbieter bzw. Reisebüros ihr Geschäftsmodell umstellen und VR-Headsets gehören zur Grundausstattung, wie im Jahr 2017 Kataloge und die PC Ausstattung	6,00	55,56	34,14	3,75	65,00	25,66	9,44	−8,48	3,11	3,00
P07: Im Jahr 2025, werden 50 % der Tourismusdestinationen weltweit virtuell mit der VR-Technologie erlebbar sein	6,50	48,33	37,25	2,75	50,71	27,15	2,38	−10,10	3,89	3,33
P08: Im Jahr 2025, können 30 % aller bereits online buchbaren Beherbergungsbetriebe virtuell mit der VR-Technologie bei führenden Tourismusportalen gebucht werden	5,00	47,22	33,64	4,75	60,71	29,50	13,49	−4,14	3,33	3,67

(Fortsetzung)

Tab. 4.1 (Fortsetzung)

Prognosen	Eintrittswahrscheinlichkeit 1. Phase			Eintrittswahrscheinlichkeit 2. Phase			Veränderung Mittelwert	Veränderung SD	Einfluss auf Destinationen	Einfluss auf Touristen
	IQR	Mittelwert	SD	IQR	Mittelwert	SD				
P09ᵃ: Im Jahr 2025 werden Tourismusdestinationen mindestens 20 % ihres Marketingbudgets in virtuelle Welten (wie z. B. Second Life) investieren	2,00	27,78	19,70	(Einigkeit nach 1. Phase)			—	—	2,56	1,78
P10ᵃ: Im Jahr 2025, werden vermehrt lokale Produkte aus verschiedenen Destinationen in virtuellen Welten vorkommen	4,00	50,00	26,46	0,75	45,00	23,63	−5,00	−2,83	2,78	2,67
P11ᵇ: Im Jahr 2025, werden 50 % der Haushalte in Industriestaaten im Besitz von VR-Headsets sein	5,00	37,33	25,48	2,45	44,86	21,29	7,52	−4,18	3,00	2,78
P12ᵇ: Im Jahr 2025, werden Kunden direkt von zu Hause aus virtuell mit der VR-Technologie Destinationen und Beherbergungsbetriebe auswählen, welche sie bereisen möchten	4,00	45,56	31,27	2,25	63,57	27,19	18,02	−4,08	3,44	3,22
P13: Im Jahr 2025, wird die Nutzung von VR in der Urlaubsplanung so selbstverständlich sein, wie im Jahr 2017 die Nutzung von Smartphones	8,50	41,89	42,41	4,50	47,86	31,60	5,97	−10,80	3,00	2,89

(Fortsetzung)

Tab. 4.1 (Fortsetzung)

Prognosen	Eintrittswahrscheinlichkeit 1. Phase			Eintrittswahrscheinlichkeit 2. Phase			Veränderung		Einfluss auf Destinationen	Einfluss auf Touristen
	IQR	Mittelwert	SD	IQR	Mittelwert	SD	Mittelwert	SD		
P14: Im Jahr 2025, wird VR im Tourismus unter den ersten drei Medienkanälen sein, um Erfahrungen aus dem Urlaub auszutauschen	3,00	37,00	32,38	3,75	35,71	24,90	−1,29	−7,48	2,89	3,00
P15[a]: Im Jahr 2025, wird die Integration von Gerüchen in VR-Applikationen dazu führen, dass VR im Tourismussektor vermehrt eingesetzt wird	1,90	22,33	27,30	(Einigkeit nach 1. Phase)			−	−	2,11	1,78
P16[a]: Im Jahr 2025 wird die Integration von haptischen Elementen (Dinge, die ertastet oder gespürt werden können) in VR-Applikationen dazu führen, dass Touristen die geeignete Urlaubsdestination finden und Besonderheiten besser vermittelt werden können	1,50	24,33	25,52	(Einigkeit nach 1. Phase)			−	−	2,56	2,44

(Fortsetzung)

Tab. 4.1 (Fortsetzung)

Prognosen	Eintrittswahrscheinlichkeit 1. Phase			Eintrittswahrscheinlichkeit 2. Phase			Veränderung Mittelwert	Veränderung SD	Einfluss auf Destinationen	Einfluss auf Touristen
	IQR	Mittelwert	SD	IQR	Mittelwert	SD				
P17[b]: Im Jahr 2025, werden mehr als 20 % der erstellten touristischen Videos VR-Aufnahmen sein, welche mit einer 360-Grad-Kamera erstellt wurden	3,00	67,78	30,22	2,25	69,29	27,15	1,51	−3,07	3,11	3,11
P18: Im Jahr 2025 wird die VR-Krankheit (VR-Motion-Sickness) der Vergangenheit angehören	3,00	54,44	27,09	3,00	57,86	26,12	3,41	−0,98	2,33	2,56

[a]Vorhersagen mit Einigkeit unter den Experten mit IQR ≤ 2; [b]mit IQR ≤ 2,5; SD = Standardabweichung

4.2 Virtual Reality im Tourismus im Jahr 2025: Sieht so die Zukunft aus?

Das wahrscheinlichste Szenario für VR im Tourismus beinhaltet Prognosen, welche eine hohe Eintrittswahrscheinlichkeit aufweisen, Konsens unter den Experten erzielten und einen hohen Einfluss auf die Destination haben. Es wurden Prognosen bis zu einem IQR Wert von 2,5 miteinbezogen. Dies wurde aufgrund der hohen Eintrittswahrscheinlichkeit (über 63 %) von drei Prognosen und dem hohen Einfluss auf Destinationen (über 3,0) entschieden. Somit wurden insgesamt vier Prognosen für die Bildung des wahrscheinlichsten Zukunftsszenarios verwendet. P02 wurde trotz Konsens (IQR = 2,0) und hoher Eintrittswahrscheinlichkeit (73,3 %) nicht berücksichtigt, da der Einfluss auf Destinationen mit 1,7 einen sehr geringen Wert aufweist. Abb. 4.2 gibt Aufschluss über die Erstellung des wahrscheinlichsten Szenarios für VR im Tourismus für das Jahr 2025. Dieses besteht je zur Hälfte aus Prognosen betreffend die Angebotsseite (P01, P17) und aus Vorhersagen betreffend die Nachfrageseite (P03, P12).

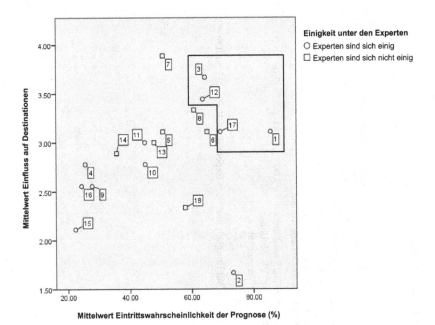

Abb. 4.2 Eintrittswahrscheinlichkeit und Einfluss aller Prognosen auf Tourismusdestinationen (Die Prognosen des wahrscheinlichsten Szenarios sind eingerahmt und beinhalten P01, P03, P12 und P17)

Vordergründig stellt sich die Frage, ob VR in diesem Szenario, in dem öffentliche Gebäude von außen und innen via VR zugänglich werden (P01), mindestens 5 % der Touristen durch VR auf Tourismusdestinationen aufmerksam werden (P03), Kunden direkt von zu Hause aus virtuell Destinationen und Beherbergungsbetriebe auswählen (P12) und mehr als 20 % der erstellten touristischen Videos VR-Aufnahmen sein werden (P17) einen Substitutions- oder Komplementäreffekt auslöst. Ein Substitutionseffekt würde entstehen, wenn Touristen Destinationen vorwiegend virtuell besuchen würden (negativer Korrelationseffekt), wohingegen ein Komplementäreffekt bedeutet, dass Touristen die Destination zwar mit VR-Technologie virtuell erleben, die Destination aber anschließend auch tatsächlich besuchen (positiver Korrelationseffekt).

Um diese Frage zu beantworten, lohnt sich speziell ein Blick auf die qualitativen Kommentare derjenigen Experten, deren Meinungen auseinandergehen. Zwei Teilnehmer sahen die VR-Technologie als Ersatz und zwei andere wiesen hingegen darauf hin, dass die VR-Technologie eine Ergänzung sein könnte. Ein Destinationsmanager schrieb: „Denke, die Gäste wollen solche Sachen immer noch in ‚reality' sehen". Ein anderer Teilnehmer aus dem Destinationsfeld sagte: „Zweifellos können öffentliche Gebäude einen VR-Zugang bieten. Dieser wird vermutlich für Marketingzwecke und edukative Zwecke (z. B. Ersatz der herkömmlichen Audioguide) verwendet. Positiv auf ihre wirtschaftliche Tätigkeit wird sich möglicherweise der Verkauf von VR Tickets auswirken, welche den Live-Ticketverkauf ergänzen werden. Gleichzeitig kann ich mir vorstellen, dass ein Live Ticket durch VR Tickets nichts an seiner Attraktivität einbüßen wird, da beim Live Ticket das Gesamterlebnis gesucht wird, d. h. auch die Ereignisse vor und nach dem eigentlichen Event – oder anders gesagt: die ganze Reise – spielt eine Rolle".

Ein Tourismusberater war ähnlicher Meinung und findet: „Meiner Ansicht nach ersetzt VR nicht eine Reise vor Ort (oder nur in sehr geringen Maße), sondern hilft eher bei der Entscheidungsfindung, ob ich die Reise antrete oder nicht, wenn noch Unsicherheit besteht". Ein anderer Unternehmensberater wiederum stellte fest: „Tourismusdestinationen müssen ihre Attraktionen interaktiver gestalten, damit Touristen die echte Attraktion der Attraktion im VR vorziehen". Die Prognose bezieht sich auf die Zugänglichkeit von öffentlichen Gebäuden mithilfe von VR. Es wurde nicht erwähnt, dass VR ein Ersatz oder Komplement für Museumsbesuche oder ähnliches darstellt. Trotzdem wurde dieser Aspekt von mehreren Umfrageteilnehmern angesprochen. Ob VR den Urlaub vollständig ersetzen kann, ist damit nicht endgültig zu beantworten. Vermutlich werden hier eine Reihe von situativen Bedingungen (z. B. Besichtigung kultureller und historischer Sehenswürdigkeiten versus sportliche Betätigung; Alter und Interessen der Kunden;

Erreichbarkeit der Destinationen) eine große Rolle spielen, die in nachfolgenden Studien untersucht werden können.

P03 weist den höchsten Einfluss auf Destinationen (3,7) und einen hohen Einfluss auf Touristen (3,1) auf. Bei dieser Vorhersage sind die Teilnehmer vermehrt auf zwei Themen eingegangen, nämlich den Wettbewerbsvorteil und die Vermarktung bzw. die Marketingaktivitäten. In Bezug auf den Wettbewerbsvorteil kommentierte ein Destinationsmanager: „Informationsbeschaffung ist für Touristen sehr viel einfacher; Destinationen sind untereinander kompetitiver, da sich der Gast schon im Voraus ein klares Bild der Destination machen kann". Ein IT-Experte drückte dies sehr anschaulich aus: „Wer zu spät kommt, den bestraft das Leben". Ein weiterer Destinationsmanager sprach von Selbstverständlichkeit in der Informationsbeschaffung und schrieb: „Touristen werden VR-Technologie nutzen, um sich eine Destination anzusehen. Dies wird jedoch selbstverständlich sein und einen Teil der Informationssuche darstellen. Es wird aber Destinationen geben, die in diesem Bereich besonders gut performen, sodass 5 % realistisch erscheinen". Bezüglich der Marketing- bzw. Werbeaktivitäten der Destinationen äußerte sich ein Destinationsmanager folgendermaßen: „Die VR-Technologie macht es möglich visuell und auditiv in fremde Orte „einzutauchen" und hat somit ein hohes Potenzial für die Tourismuswerbung". Ein anderer Destinationsmanager war ähnlicher Meinung und schrieb: „Sofern sich VR als Technologie erweist, welche von der breiten Masse genutzt wird, wird sie sicher vermehrt auch für Marketingzwecke eingesetzt werden. Dies betrifft die Destinationen insofern, als dass sie ihre Werbemittel diesem Medium anpassen müssen". Hinsichtlich des Einflusses auf Touristen, der von den Teilnehmern oftmals als Vorteil für den Touristen interpretiert wurde, sind sich die Experten trotz einem quantitativen Ergebnis von 3,1 nicht einig. So schrieb ein Forscher: „[Virtual Reality] wird wichtiger Teil der Informationssuche werden, für Touristen aber nicht wichtiger als andere Bereiche". Ein Destinationsmanager unterstrich: „Für den Touristen wird sich dadurch kaum etwas verändern, außer, dass er sich vielleicht eine klarere, umfassendere Vorstellung vom Ort machen kann, den er bereisen wird". Gegensätzlicher Meinung war ein IT-Spezialist, der schrieb: „Google Maps bietet dies heute schon an – und aus meiner Erfahrung (Zugriffszahlen auf diese Angebote) wird das sehr viel genutzt".

P12 hat die größte Veränderung im Mittelwert von der ersten zur zweiten Phase erfahren (+18,0 %) sowie einen Rückgang der Standardabweichung (−4,1). Der Einfluss auf Destinationen liegt bei 3,4 und der Einfluss auf Touristen bei 3,2. Die Vorhersage beschäftigt sich mit der Auswahl von Destinationen und

Beherbergungsbetrieben durch die Nutzung der VR-Technologie von zu Hause aus. Die Aussage beinhaltet drei Kernelemente: Zu Hause, Tourismusdestination und Beherbergungsbetriebe. Es wurde bewusst auf eine quantitative Säule, wie z. B. in P03 verzichtet, da diese Frage schon einige Voraussetzungen aufweist. Ein Destinationsmanager dazu: „Von zu Hause definitiv. VR-Applikationen werden ein wichtiger Teil der Informationsbeschaffung sein – in Beherbergungsbetrieben sowie in Destinationen. Produkte werden sich jedoch nur durch eine besonders gute Darstellung abheben können, da die Technologie weit verbreitet sein wird". Ein Forscher meinte dazu: „Destinationen sind somit schon im Voraus vergleichbar und somit untereinander sehr kompetitiv. Der Einfluss auf Touristen ist sehr hoch, da sie in der Phase der Informationsbeschaffung eine breite Fülle an Auswahlmöglichkeiten haben". Ein Destinationsmanager führte an: „VR ist noch eine sehr individuelle Angelegenheit. Wenn VR zu einem Gemeinschaftserlebnis wird, wird die Akzeptanz steigen". Diese Aussage verweist auf den Gedanken der Interaktion, welcher für VR-Anwendungen, wie in der Literaturanalyse beschrieben ebenfalls relevant ist. Weitere Aussagen beziehen sich auf die Vermarktung durch VR im Vergleich zu anderen Vermarktungs- bzw. Kommunikationskanälen und Informationsquellen um den Touristen zu erreichen.

P17 weist einen stabilen Mittelwert von der ersten auf die zweite Phase (+1,5 %) und eine sinkende Standardabweichung (−3,1) auf. Der Einfluss auf Destinationen und auf Touristen liegt jeweils bei 3,1. Die Experten waren sich Großteiles einig, was durch die Eintrittswahrscheinlichkeit der Prognose in Höhe von 69,3 % bestätigt wird. Die Delphi-Teilnehmer interpretierten die Frage entweder als Erstellung professioneller touristischer Werbevideos, welche von der Destination in Auftrag gegeben wurden oder als von Benutzern/Touristen erstellte Clips. Ein Unternehmensberater glaubte, dass VR-Aufnahmen mit einer 360-Grad-Kamera zum Massenphänomen werden. Ein Forscher sah eine neue Nische, die bedient werden sollte: „Tritt mit hoher Wahrscheinlichkeit ein, da 360-Grad-Videos bereits jetzt weitgehend angewandt werden, um Informationen zur Beherbergung und touristischen Attraktionen zu geben. VR kann großen Einfluss auf das Reiseerlebnis von Menschen mit Beeinträchtigung haben, und stellt zudem eine großartige Möglichkeit dar die Bedürfnisse der alternden Gesellschaft zu decken (demografischer Wandel – zentraler Trend der zukünftigen weltweiten Entwicklungen)".

Tab. 4.2 fasst die Kommentare der Experten zusammen, welche den Einfluss der entsprechenden Prognose auf Destinationen am niedrigsten bzw. höchsten bewertet haben.

Tab. 4.2 Expertenkommentare zu den Prognosen des wahrscheinlichsten Zukunftsszenarios mit dem niedrigsten und höchsten Einfluss auf Destinationen

	Einfluss auf Destinationen	Kommentare (K)
P01: Im Jahr 2025 können Destinationen in Europa öffentliche Gebäude (z. B. Louvre, Guggenheim Museum Bilbao, Stadio San Siro) von außen und innen für Touristen via VR-Technologie zugänglich machen		
Anzahl Kommentare: **9**		
Am niedrigsten gewertete Aussage/n	1	K1: „Meiner Ansicht nach ersetzt VR nicht eine Reise vor Ort (oder nur in sehr geringen Maße), sondern hilft eher bei der Entscheidungsfindung, ob ich die Reise antrete oder nicht, wenn noch Unsicherheit besteht"
Am höchsten gewertete Aussage/n	5	K1: „Bereits heute sehen sich Interessierte auf Google Maps die 360°-Panoramen in deutlich hoher Anzahl an. Ich selbst bin zertifizierter Google-Fotograf und kenne die Zugriffszahlen. 360°-Panoramen von Google Maps sind heute schon VR-mäßig erschließbar" K2: „Neue Möglichkeiten für Gäste. DMO müssen sich darauf einstellen"
P03: Im Jahr 2025 werden mindestens 5 % der Touristen durch die VR-Technologie auf eine Tourismusdestination aufmerksam		
Anzahl Kommentare: **15**		
Am niedrigsten gewertete Aussage/n	3	K1: „Hängt von der Vielzahl der VR-Inhalte und deren Vermarktungsmöglichkeit ab" K2: „zu hoher Prozentsatz" K3: „Das Thema ist heute noch zu wenig breit, als dass es die Tourismuswirtschaft signifikant beeinflussen würde"

(Fortsetzung)

Tab. 4.2 (Fortsetzung)

	Einfluss auf Destinationen	Kommentare (K)
Am höchsten gewertete Aussage/n	5	K1: „Wer zu spät kommt, den bestraft das Leben" K2: „Für DMO zu berücksichtigen! Frühzeitige Beachtung wichtig" K3: „Google Maps bietet diese heute schon an – und aus meiner Erfahrung (Zugriffszahlen auf diese Angebote) wird das sehr viel genutzt" K4: „Die VR-Technologie macht es möglich visuell und auditiv in fremden Orten „einzutauchen" und hat somit ein hohes Potenzial für die Tourismuswerbung"
P12: Im Jahr 2025, werden Kunden direkt von zu Hause aus virtuell mit der VR-Technologie Destinationen und Beherbergungsbetriebe auswählen, welche sie bereisen möchten		
Anzahl Kommentare: **15**		
Am niedrigsten gewertete Aussage/n	1	K1: „Meines Erachtens ein nur sehr kleiner Teil"
Am höchsten gewertete Aussage/n	5	K1: „In gewisser Weise passiert dies heute schon. Wie schon angemerkt ist Google StreetView, „Von innen ansehen" oder andere Panoramaformate auf Google Maps das aktuelle VR – und dies wird sehr viel genutzt (wenn auch noch zumeist ohne VR-Headset)" K2: „DMO müssen analysieren, welchen Wert im Entscheidungsprozess VR zukommt" K3: „Destinationen sind somit schon im Voraus vergleichbar und somit untereinander sehr kompetitiv. Der Einfluss auf Touristen ist sehr hoch, da sie in der Phase der Informationsbeschaffung eine breite Fülle an Auswahlmöglichkeiten haben" K4: „Das ist bereits heute möglich"

(Fortsetzung)

Tab. 4.2 (Fortsetzung)

P17: **Im Jahr 2025, werden mehr als 20 % der erstellten touristischen Videos VR-Aufnahmen sein, welche mit einer 360-Grad-Kamera erstellt wurden**

Anzahl Kommentare: **15**

	Einfluss auf Destinationen	Kommentare (K)
Am niedrigsten gewertete Aussage/n	2	K1: „kann ich mir vorstellen" K2: „vermutlich Kostenfrage" K3: „überschaubarer Zusatznutzen zur Istsituation" K4: „Ist heute schon mit mobile devices umsetzbar. 2025 noch leichter"
Am höchsten gewertete Aussage/n	5	K1: „Ich glaube, sogar mehr als 20 %. Die Nachfrage wird das Angebot regeln" K2: „Tritt mit hoher Wahrscheinlichkeit ein, da 360-Grad-Videos bereits jetzt weit gehend angewandt werden, um Informationen zur Beherbergung und touristischen Attraktionen zu geben. VR kann großen Einfluss auf das Reiseerlebnis von Menschen mit Beeinträchtigung haben, und stellt zudem eine großartige Möglichkeit dar die Bedürfnisse der alternden Gesellschaft zu decken (demografischer Wandel – zentraler Trend der zukünftigen weltweiten Entwicklungen)" K3: „Das kann ich mir gut vorstellen"

4.3   Wahrscheinlich eintretende automatische Inhaltskontrollen sind für den Tourismus unwichtig

Die befragten Experten sagten außerdem voraus, dass P02 mit hoher Wahrscheinlichkeit eintreten wird. Da automatische Kontrollen von VR-Inhalten allerdings keinen maßgeblichen Einfluss auf Destinationen haben werden (1,7), sind sie nicht Teil des wahrscheinlichsten Zukunftsszenarios. Die Prognose besagt, dass ein automatischer Algorithmus vor der Freigabe von VR-Inhalten eine Inhaltskontrolle durchführen wird, um erschreckende und grausame VR-Erlebnisse zu vermeiden. Nur ein Unternehmensberater war von der Wichtigkeit dieser automatischen Inhaltskontrollen überzeugt, wie sein Kommentar verdeutlicht: „Kann mir vorstellen, dass solch eine App entwickelt werden kann, um die Konsumenten (Touristen) vor erschreckenden Erlebnissen zu schützen. Schätze den Einfluss bei Touristen etwas höher ein, da Erlebnisse eine wichtige Rolle bzw. ein wichtiges Element der Reise darstellen und diese aus diesem Grund möglichst positiv (nicht erschreckend und grausam) sein sollten".

4.4   Was VR im Jahr 2025 (noch) nicht können bzw. bewirken wird

Sowohl aus theoretischer, als auch aus praktischer Sicht, lohnt ein Blick auf die fünf Prognosen, bei denen sich die befragten Experten einig waren, dass die Eintrittswahrscheinlichkeit im Planungszeitraum bis 2025 eher gering ist. In der ersten Phase wurde bei vier Prognosen (P04, P09, P15, P16) und in der zweiten Phase bei einer weiteren (P10) Konsens zwischen den Umfrageteilnehmern erzielt. Die Ergebnisse können dabei helfen, gefestigte Denkmuster oder Mythen zu widerlegen, um keinen falschen Fokus in der Forschung zu setzen bzw. keine großen Investitionen in Technologien zu tätigen, die in Zukunft vermutlich eine geringe oder gar keine Rolle spielen werden.

P04 (Eintrittswahrscheinlichkeit (E): 25,6 %; IRQ: 2,0) bezieht sich auf die deutlich höhere Ausgabebereitschaft der Touristen durch die VR-Technologie. Die Experten waren sich einig und glaubten nicht an eine höhere Zahlungsbereitschaft der Touristen. Zwei beispielhafte Kommentare untermauern diese Ergebnisse: „Das Konsumverhalten wird sich durch VR nicht dramatisch verändern" und „Kann mir nicht vorstellen, dass Gäste durch VR mehr ausgeben sollten. Sollte dies jedoch eintreffen, kann dies großen Einfluss auf die Destinationen haben, da sich die Wertschöpfungskette der Destination dadurch grundlegend verändert".

P09 (E: 27,8 %; IRQ: 2,0) bezieht sich darauf, dass im Jahr 2025 mindestens 20 % des Marketingbudgets von Tourismusdestinationen in virtuelle Welten investiert werden wird. Die Teilnehmer kommentierten dies wie folgt: „Einschätzung schwierig, da sich die Technik sehr dynamisch entwickelt", „sehe auch den Gegentrend – back to nature – für Südtirol vielleicht passender" und „Ich glaube eher nicht, dass komplette virtuelle Welten Werbung für eine Destination sein können/werden".

P10 (E: 45,0 %; IRQ: 0,8) bezieht sich auf das vermehrte Auftreten lokaler Produkte aus verschiedenen Destinationen in virtuellen Welten. Generell waren sich die Experten uneinig, ob dies ein Zusatznutzen für die Produkte selbst darstellt und ob es überhaupt möglich ist, lokale Produkte in virtuellen Welten vorzustellen. So schrieb ein Unternehmensberater: „VR kann als Chance genutzt werden, um regionale/lokale Produkte zu vermarkten. Allerdings sollte hierbei großer Wert auf Aufrichtigkeit und Nachvollziehbarkeit der Kriterien gelegt werden, welche die regionalen Produkte auszeichnen. Der Gast ist sehr kritisch und hinterfragt". Ein Destinationsmanager sah virtuelle Welten hingegen als potenzielles Werkzeug, Prozesses darzustellen: „VR eignet sich wunderbar um die Herkunft (die Heimat/Landschaft/Umgebung) eines Produktes zu vermitteln oder dessen Beschaffenheit bzw. den Produktionsprozess".

P15 (E: 22,3 %; IRQ: 1,9) bezieht sich auf die Integration von Gerüchen in VR-Applikationen und auf deren vermehrten Einsatz im Tourismussektor. Obwohl sich die Experten überwiegend einig waren, dass dies im Jahr 2025 möglich sein wird, zweifelten sie den Mehrwert an, wie die folgende Aussage beispielhaft belegt: „Die Technologie für die Herstellung von Gerüchen durch ein VR-Headset ist bereits jetzt vorhanden, allerdings stellt sich die Frage, ob diese auch handlich und für den Endkonsumenten nutzbar sein könnten. Für Destinationen kann dies bei Kulturstätten interessant sein, welche durch Gerüche intensiver wahrgenommen werden" und „Solange dies nur offline funktioniert (z. B. im direkten Kontakt mit potentiellen Urlaubern), ist der Nutzen beschränkt".

P16 (E: 24,3 %; IRQ: 1,5) bezieht sich auf die Integration von haptischen Elementen in VR-Applikation, die dazu führen, dass Touristen die geeignete Urlaubsdestination finden und Besonderheiten besser vermittelt werden können. Experten waren sich uneinig, ob haptische Elemente in VR-Applikationen dazu geeignet sind, Urlaubsdestinationen besser zu finden, allerdings konnten sie sich vorstellen, dass Besonderheiten besser vermittelt werden können. Einer der befragten Destinationsmanager hob hervor, dass die Verwendung von haptischen

Elementen ein Risiko für Anbieter darstellen könnte, da neue Möglichkeiten, wie z. B. der Besuch einer historischen Kulturstätte, echten Erlebnisurlaub ersetzen bzw. austauschbar machen könnte: „Dies kann v. a. bei Attraktionspunkten eingesetzt werden, welche nur eingeschränkt besichtigt werden können (Krieg oder zerfallene Kulturstätten). Allerdings ist hier zu sehen, ob der Tourist dies als Erlebnis wahrnimmt und ob die damit einhergehende Austauschbarkeit der Destinationen zu einer Abwertung des Erlebnisurlaubs führt".

4.5 Vorhersagen mit fehlendem Konsens trotz hoher Eintrittswahrscheinlichkeit

Bei drei Prognosen (P06, P08, P18) wurde eine hohe Eintrittswahrscheinlichkeit (über 55 %) festgestellt, allerdings besteht diesbezüglich keine Einigkeit unter den Delphi-Teilnehmern.

P06 (E: 65,0 %; IQR: 3,8) besagt, dass Reiseanbieter bzw. Reisebüros ihr Geschäftsmodell umstellen werden und VR-Headsets zur Grundausstattung gehören werden, wie im Jahr 2017 Kataloge und PCs. Die Meinungen der Respondenten waren gespalten. So steht laut einer Gruppe die Umstellung des Geschäftsmodelles unmittelbar bevor, während die zweite Gruppe das Ende von Reisebüros vorhersagt. Ein IT-Experte schrieb: „Halte ich für sehr realistisch. Wird Mainstream werden". Ein anderer Teilnehmer sah dies anders: „Wird es überhaupt noch Reisebüros geben? Zeitaufwändig, wenn man jeden Kunden betreuen muss?"

P08 (E: 60,7 %; IQR: 4,8) postuliert, dass im Jahr 2025 bereits 30 % aller online buchbaren Beherbergungsbetriebe bei führenden Tourismusportalen durch die Nutzung der VR-Technologie gebucht werden können. Bei dieser Prognose gab es eine starke positive Veränderung hinsichtlich der Eintrittswahrscheinlichkeit von 13,5 % zwischen der ersten zur zweiten Phase. Das heißt, dass die Delphi-Teilnehmer ihre Einschätzung nach der ersten Runde erheblich nach oben angepasst haben. Die Experten waren sich zwar einig, dass die Buchbarkeit von Unterkünften durch Touristen via VR vor allem bei großen Tourismusportalen in Zukunft vermehrt angeboten werden wird, bezweifelten aber, dass diese im Jahr 2025 bereits bei 30 % legen wird.

P18 (E: 57,9 %; IQR: 3,0) bezieht sich auf die VR-Krankheit „Motion Sickness" und der Beseitigung derselben im Jahr 2025. Die befragten Experten gaben an, dass der Einfluss auf Destinationen und Touristen gering sei. Diese Prognose scheint auch die Grenzen des zur seriösen Beantwortung oder Einschätzung notwendigen technischen Wissens zu erreichen, wie einige der Delphi-Teilnehmerinnen selbst bekundeten. So verwundert nicht, dass ein IT-Spezialist die Lösung von VR-Motion-Sickness als ausschlaggebend für den Erfolg der Technologie ansah, während ein anderer hingegen schrieb: „Aus meiner praktischen Erfahrung scheint es in erster Linie ein Generationenproblem zu sein. Kinder und Jugendliche haben kaum solche Beschwerden. Frauen und älteres Publikum hingegen fühlen sich in der Regel bei jeder kleinsten Bewegung schlecht".

4.6 Vorhersagen mit fehlendem Konsens und geringer Eintrittswahrscheinlichkeit

Bei den letzten fünf Prognosen (P05, P07, P11, P13, P14) konnte weder Einigkeit unter den Experten erzielt werden, noch weisen sie eine hohe Eintrittswahrscheinlichkeit auf.

P05 (E: 50,7 %; IQR: 6,0) bezieht sich auf den Einfluss von VR-Applikationen auf die Wahl der Urlaubsdestinationen. Die Befragten waren sich einig, dass 2025 ein zu früher Zeitpunkt sein wird, um eine sehr starke Veränderung im Konsumentenverhalten feststellen zu können. „Sollte der Einfluss aber groß sein, so wird sich einiges ändern", so ein Forscher. Ein anderer Teilnehmer unterstrich: „Sollte diese Prognose eintreten, ist der Einfluss auf Destinationen sehr hoch, da traditionelles Marketing somit nur mehr zu einem kleinen Anteil zur Reiseentscheidung des Gastes beitragen würde".

P07 (E: 50,7 %; IQR: 2,8) stellt fest, dass im Jahr 2025 bereits 50 % der Tourismusdestinationen weltweit virtuell durch die Nutzung der VR-Technologie erlebbar sein werden. Die Befragten empfanden den Prozentsatz von 50 % im Jahr 2025 als zu hoch. Trotzdem wurde Destinationen empfohlen, frühzeitig in diese Art der Angebote zu investieren. Ein Destinationsmanger äußerte sich folgendermaßen: „Für Touristen bedeutet dies eine einfachere Informationsbeschaffung. Für Destinationen sind neue Kompetenzen gefordert. Ein Underperforming kann deutliche Konsequenzen haben".

P11 (E: 44,9 %; IQR: 2,5) postuliert, dass 50 % der Haushalte im Jahr 2025 ein VR-Headset besitzen werden. Die Befragten gingen nicht davon aus, dass VR-Brillen so schnell Einzug in die Haushalte finden, wie z. B. die folgende Aussage zeigt: „In den letzten Jahren hatte man höhere Erwartungen, was die Verkaufs-zahlen von Headsets anbelangt. Wenn die Hardware intelligent mit „alltäglichen" Produkten kombiniert wird (Sehbrille, Helm, ...), wird der Verkauf ansteigen".

P13 (E: 47,9 %; IQR: 4,5) sagt voraus, dass VR in der Urlaubsplanung so selbstverständlich sein wird, wie die heutige Nutzung von Smartphones. Auch bezüglich dieser Prognose waren sich die Delphi-Teilnehmer nicht einig. Wenn-gleich die meisten Befragten darauf hinwiesen, dass VR in der Urlaubsplanung zukünftig immer wichtiger werden wird so wurde doch der Vergleich mit der heutigen Verwendung von Smartphones als Übertreibung und als zu optimistisch wahrgenommen.

P14 (E: 35,7 %; IQR: 3,8) unterstellt, dass VR im Tourismus im Jahr 2025 zu den drei meistgenutzten Medienkanälen zählen wird, um Erfahrungen aus dem Urlaub auszutauschen. Diese Prognose erhielt in beiden Phasen die geringste Eintritts-wahrscheinlichkeit. Die Experten machten diese These stark von der Entwicklung der Input- und Output-VR-Geräte sowie vom Erreichen des Massenmarktes der VR-Technologie abhängig. Ein IT-Spezialist äußerte sich wie folgt: „Je nachdem welche Entwicklung die VR Aufnahmegeräte nehmen – für das breite Massen-publikum selbst aktive VR-Inhalte zu erstellen ist derzeit nur bedingt möglich". Ein anderer Teilnehmer meinte: „Destinationen sind flexibel genug die Medien-kanäle beliebig und schnell nach der Wahl der User/Touristen zu ändern".

4.7 Vier umstrittene Zukunftsszenarien: Wird VR so selbstverständlich wie Smartphones?

Die Ergebnisse der Delphi-Studie zeigen, dass sich die VR-Technologie in der Entwicklungsphase befindet und dass sich die aus unterschiedlichen Fach-disziplinen zusammensetzenden Delphi-Befragten deshalb auch nicht in jedem Punkt einig waren. Im Gegenteil: Einigkeit wurde nur in 7 von 18 Vorhersagen erzielt. Da jedoch bezüglich des Einflusses auf Destinationen (durchschnittlicher Wert: 2,9) und des Einflusses auf Touristen (2,7) relativ hohe Durchschnittswerte erzielt wurden, bestätigt dies, dass die Prognosen für das Forschungsziel grund-sätzlich interessant sind. Obwohl der Fokus der Studie auf den Vorhersagen liegt, welche eine hohe Eintrittswahrscheinlichkeit und einen hohen Grad an Einig-keit unter den Experten aufweisen, sollen die durch hohe Umstrittenheit gekenn-zeichnete Prognosen (hoher IQR Wert) nachfolgend ebenfalls genauer betrachtet werden.

Nach dem Prinzip von Markmann et al. (2013) wurden vier extreme Szenarien gebildet. Um diese Szenarien zu erstellen, wurden die zwei Vorhersagen, welche den höchsten IQR Wert in der ersten Runde aufwiesen, also am wenigsten Einigkeit erzielten, herangezogen (Markmann et al. 2013). Es handelt sich dabei um Prognose P07 *(50 % der Tourismusdestinationen mit VR erlebbar)* betreffend die Angebotsseite und Vorhersage P13 *(VR so selbstverständlich wie Smartphones)*, welche die Nachfrageseite beeinflusst. P07, welche einen großen Einfluss auf das Angebot von VR im Tourismus hat, wird auf der vertikalen Achse dargestellt und P13, welche VR als wichtiges Instrument für die Urlaubsplanung vorhersagt, wird die horizontale Achse darstellen (siehe Abb. 4.3). Die Frage, ob die meisten Tourismusdestinationen in Zukunft mit VR erlebbar bzw. ob VR so selbstverständlich wie Smartphones sein werden, lässt sich nicht abschließend beantworten. Die vier extremen Szenarien zeigen stattdessen die unterschiedlichen Kombinationsmöglichkeiten auf und legen dar, welche Implikationen sich daraus jeweils ergeben könnten.

Umstrittenes Zukunftsszenario 1
Das Angebot ist relativ groß (50 % der Destinationen sind mit VR online erlebbar), doch die Nachfrage nach VR in der Urlaubsplanung bleibt gering. Destinationen müssen reagieren und Nutzer erziehen. Es sollte vermehrt auf die Qualität und weniger auf Quantität der VR-Inhalte geachtet werden, um mögliche Nutzer nicht abzuschrecken.

Umstrittenes Zukunftsszenario 2
Angebot und Nachfrage sind groß. VR wird den Tourismusmarkt revolutionieren bzw. stark verändern. Dabei ist es besonders wichtig, VR in den gesamten Erlebnisprozess des Touristen zu integrieren. Dem Benutzer sollte ein sehr hohen Grad an Interaktionsmöglichkeiten geboten werden.

Umstrittenes Zukunftsszenario 3
VR bleibt eine Spielerei und kann sich im Tourismussektor nicht durchsetzen. Destinationen bleibt die Möglichkeit, die Entwicklung verwandter Technologien wie Augmented Reality im Auge zu behalten und kleine Pilotprojekte zu implementieren.

Umstrittenes Zukunftsszenario 4
Segmentspezifisch werden unterschiedliche Zielgruppen durch den VR-Inhalt angesprochen. Dies stellt eine ideale Situation für Vorreiter dar, welche einen

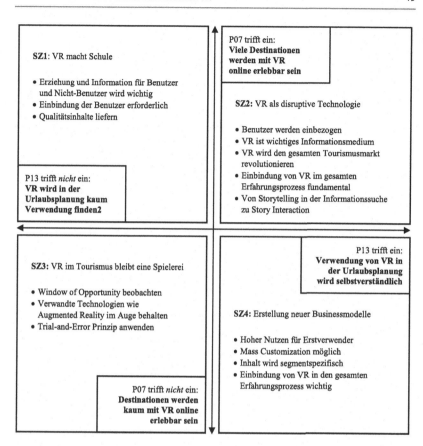

Abb. 4.3 Vier umstrittene Zukunftsszenarien (SZ) für VR im Tourismus im Jahr 2025. (Vertikale Achse: P07; Horizontale Achse: P13)

hohen Nutzen aus dem Nachfrageüberschuss generieren können. Neue Business-modelle werden erstellt, um die Zielgruppen bestmöglich zu bedienen. Dies sollte zu einer Mass Customization, also dem Angebot kundenindividueller Lösungen, führen.

Diskussion und Schlussfolgerungen 5

Um die zukünftige Rolle von VR in der Tourismusbranche vorherzusagen, wurde eine zweiphasige Online-Delphi-Studie durchgeführt, in der Vorhersagen von Experten gesammelt wurden. Das Ziel dieser Expertenbefragung war es, Gruppenmeinungen zu strukturieren und übereinstimmende Aussagen zu bündeln (Rauch 1997; Linstone und Turoff 1975). Für einen ganzheitlichen Fokus wurden im Rahmen einer PEST-Analyse (vgl. Wilson und Gilligan 2012) politische, ökonomische, soziokulturelle und technologische Faktoren herangezogen, um 18 Prognosen für die Zukunft von VR im Tourismus zu erstellen. Aus den Ergebnissen wurde schließlich das wahrscheinlichste Szenario für 2025 abgeleitet, das Aufschluss über die mögliche Entwicklung und zukünftige Rolle von VR im Tourismus gibt.

Für Tourismusdestinationen bietet diese Studie zur zukünftigen Rolle von Virtual Reality im Tourismus einen Startpunkt für die Entscheidungsfindung in einem Bereich, welcher durch hohe Unsicherheit charakterisiert ist. Dabei geht es im weitesten Sinne um Themen, welche die Reiseinspiration, Reiseinformationssuche, Reisebuchung und Reisereflexion betreffen. Die Reise an sich, also das Kernprodukt, rückt dabei in den Hintergrund und wird lediglich in P01 und P07 thematisiert. Ungeachtet der hier erzielten Ergebnisse empfiehlt sich für Destinationsmanager, alle 18 Prognosen gründlich zu studieren und sich nicht nur auf das wahrscheinlichste Szenario (siehe Abb. 4.2) vorzubereiten, sondern auch den vier extremen Szenarien (siehe Abb. 4.3) Bedeutung zuzumessen. Prognosen, die in Zukunft vermutlich einen hohen Einfluss auf Destinationen und Touristen haben werden (z. B. P03 und P07), sollte besondere Beachtung geschenkt werden.

Im wahrscheinlichsten Szenario werden Haushalte mindestens ein VR-Headset besitzen, Tourismusdestinationen und deren Attraktionen virtuell durch die VR-Technologie wahrnehmen, entdecken und erleben, die Reise direkt mit

© Springer Fachmedien Wiesbaden GmbH, ein Teil von Springer Nature 2019
T. Aichner et al., *Virtual Reality im Tourismus,* essentials,
https://doi.org/10.1007/978-3-658-23865-0_5

VR-Technologie buchen und anschließend selbst mit einer 360-Grad-Kamera unterschiedliche VR-Inhalte erstellen. Dieses Szenario zeigt, dass VR im Jahr 2025 eine wichtige Rolle im Tourismus spielen wird. Tourismusdestinationen müssen sich demnach mit zwei Kernfragen auseinandersetzen. Erstens, welche Kundensegmente bzw. Zielgruppen sollten vordergründig angesprochen werden? Zweitens, wer sind Schlüsselpartner für die erfolgreiche Implementierung von Virtual Reality? Laut der BofA (2016) werden vor allem Millenials und die Generation Z die wichtigste Zielgruppe für VR sein, da diese mit TV, PC-Spielen, sozialen Medien und dem Smartphone aufgewachsen sind. Bereits heute zeigen mehr als 40 % dieser Bevölkerungsgruppen Interesse an VR-Headsets (BofA 2016). Einen bedeutenden Wendepunkt könnte die Entwicklung eines zuverlässigen Ökosystems darstellen, welches verbesserte Sensoren und eine längere Batterielaufzeit beinhaltet (Panetta 2017). Schlüsselpartner der Tourismusdestinationen werden in Zukunft Anbieter von VR-Inhalten, Hardwarehersteller und Software-Plattformen sein. Zwar sind zurzeit noch keine größeren Online-Reisebüros bzw. Buchungsplattformen auf VR-basierte Systeme umgestiegen, dennoch stellt Virtual Reality für booking.com, einen der bedeutendsten Anbieter am Markt, eine der wichtigsten Technologien für die Zukunft dar (Booking 2017).

Betrachtet man die offenen Kommentare der Umfrageteilnehmer, so lassen sich mehrere interessante Fragen und Themen erkennen, die nicht explizit Untersuchungsgegenstand dieser Studie waren. Diese sind sowohl für den Tourismussektor, als auch für Erfahrungsgüter im Allgemeinen bzw. die Verbreitung von VR relevant. So ergibt sich aus den qualitativen Daten beispielsweise die Frage, ob Touristen in Zukunft noch echte Reisen, oder nur noch virtuelle VR- Erlebnisse buchen werden. In der Literatur wird diese Möglichkeit, dass VR ein Substitut für realen Urlaub darstellt, häufig verneint (z. B. Paquet und Viktor 2005; Cheong 1995; Buhalis 2003). Trotzdem weisen die Ergebnisse dieser Studie darauf hin, dass Experten diese Möglichkeit zumindest nicht völlig ausschließen. Zukünftige Forschung sollte sich somit auch der Frage widmen, ob und unter welchen Bedingungen Virtual Reality echte Reisen vollständig ersetzen wird. Eine weitere Aussage von Experten war, dass VR nur dann erfolgreich sein wird, wenn sie mit bestehenden Technologien verbunden und handlicher wird, also auf Headsets verzichten kann. Ein Experte bezog sich dabei auf das Beispiel von Smartphones, deren Erfolg sich unter anderem aus der Verknüpfung mit etablierten Technologien wie GPS, dem Internet und der Digitalkamera erklären lässt.

Ob die Nutzung von VR im Jahr 2025 zur Selbstverständlichkeit wird, ist ungewiss. Der bevorstehende Durchbruch intuitiver Bedienansätze, die auf Benutzeroberflächen verzichten und die Interaktion von Mensch und Maschine durch Gesten, Blicke und Stimmen anstreben, könnte ein Indiz dafür sein, dass sich VR in Zukunft wird durchsetzen können. Kurzfristig könnte die Kategorie der VR Screenless Viewers, welche Smartphones oder Tablets als VR-Bildschirm verwenden, für eine wachsende Zahl von Anwendern einen günstigsten Einstieg in die VR-Welt bieten (sog. MVP[1]).

Abschließend soll auf einige Limitationen dieser Studie hingewiesen werden, die gleichzeitig auch zukünftige Forschungsbereiche abbildet. Die Prognose-erstellung kann in Zukunftsstudien niemals alle denkmöglichen zukünftigen Aspekte umfassen. Zwar wurden durch die PEST-Analyse grundsätzlich alle Bereiche abgedeckt, trotzdem ergaben sich im Rahmen der Studie Aspekte, die nach weiteren Studien verlangen. Des Weiteren werden zukünftige techno-logische und soziale Entwicklungen dazu führen, dass sich Schwerpunkte ver-schieben, wie z. B. die Allokation von Marketingbudgets oder das Verhalten von Konsumenten. Eine weitere Einschränkung ergibt sich daraus, dass alle befragten Branchenexperten aus dem Alpenraum stammen. Zukünftige Studien sollten einen der Untersuchungsschwerpunkte darauf legen, ob sich beispiels-weise nordeuropäische, amerikanische, asiatische oder australische Tourismus-experten hinsichtlich der Bewertung von VR-Technologie und ihrer zukünftigen Anwendungsbereiche unterscheiden, und ob sich mögliche Divergenzen in der Einschätzung auf kulturelle Unterschiede zurückführen lassen.

---

[1]MVP (minimal viable product) ist ein Produkt, das minimale Anforderungen stellt bzw. wörtlich übersetzt ein „minimal überlebensfähiges Produkt".

Was Sie aus diesem *essential* mitnehmen können

- Diese Studie zeigt auf, dass Virtual Reality im Jahr 2025 Touristen bei der Wahl einer Urlaubsdestination in vielfacher Hinsicht beeinflussen wird.
- Die Beeinflussung durch Virtual Reality wird in Zukunft Aspekte der Informationssuche, der Reiseinspiration, der Reisebuchung und der Reisereflexion umfassen.
- Laut den befragten Experten wird es im Jahr 2025 für Touristen möglich sein, Gebäude von außen und innen virtuell im Detail zu erkunden, Touristen werden durch Virtual Reality auf Tourismusdestinationen aufmerksam werden und auf diese Weise auch einen Beherbergungsbetrieb für ihre Reise auswählen, auf der mehr als 20 % der erstellten touristischen Videos VR-Aufnahmen mit einer 360-Grad-Kamera sein werden.
- Tourismusdestinationen werden sich die Frage stellen müssen, welche Zielgruppe mit Virtual Reality bedient werden soll und welche Unternehmen und Organisationen als Partner bei der Erschließung dieses Potenzials helfen können.
- Die Ergebnisse der vorliegenden Studie können auf andere Dienstleistungssektoren übertragen werden und als Grundlage für weitere Forschung im Sektor der Erfahrungsgüter herangezogen werden.

T. Aichner et al., *Virtual Reality im Tourismus,* essentials,
https://doi.org/10.1007/978-3-658-23865-0

Literatur

Aichner, T., und F. Jacob (2015) Measuring the Degree of Corporate Social Media Use. *International Journal of Market Research* 57 (2): 257–275.

Alkemade, F. und R.A.A. Suurs (2012) Patterns of expectations for emerging sustainable technologies. *Technological Forecasting and Social Change* 79 (3): 448–456.

Baker, M.J., und E. Cameron (2008) Critical Success Factors in Destination Marketing. *Tourism and Hospitality Research* 8 (2): 79–97.

Best, R.J. (1974) An Experiment in Delphi Estimation in Marketing Decision Making. *Journal of Marketing Research* 11 (4): 448–452.

Blancas, F.J., M. Lozano-Oyola, M. Gonzáles, und R. Caballero (2018) A dynamic sustainable tourism evaluation using multiple benchmarks. *Journal of Cleaner Production* 174 (10): 1190–1203.

BofA – Bank of America Merrill Lynch (2016) Future Reality: Virtual, Augmented & Mixed Reality (VR, AR & MR) Primer. https://www.bofaml.com/content/dam/boamli-mages/documents/articles/ID16_1099/virtual_reality_primer_short.pdf. Zugegriffen: 23. August 2018.

Booking (2017) Eight Travel Predictions for 2018, as revealed by Booking.com. https://news.booking.com/eight-travel-predictions-for-2018-as-revealed-by-bookingdotcom. Zugegriffen: 23. August 2018.

Buhalis, D. (2003) *eTourism: Information Technology for Strategic Tourism Management.* Toronto: Prentice Hall.

Burdea, G.C., und P. Coiffet (2003) *Virtual Reality Technology.* Hoboken: Wiley.

Butchart, B. (2011) *Augmented Reality for Smartphones.* UKOLN, University of Bath.

Chalmers, A., und K. Debattista (2005) Investigating the Structural Validity of Virtual Reconstructions of Prehistoric Maltese Temples. VAST 2005: The 6th International Symposium on Virtual Reality, Archaeology and Intelligent Cultural Heritage.

Cheong, R. (1995) The virtual threat to travel and tourism. *Tourism Management* 16 (6): 417–422.

Cho, Y., und T. Daim (2013) Technology Forecasting Methods. In *In Research and Technology Management in the Electricity Industry: Methods, Tools and Case Studies*, hrsg. T. Daim, T. Oliver, und J. Kim, 76–112. London: Springer.

Connell, J. (2005) Toddlers, tourism and Tobermory: Destination marketing issues and television-induced tourism. *Tourism Management* 26 (5): 763–776.

© Springer Fachmedien Wiesbaden GmbH, ein Teil von Springer Nature 2019   57
T. Aichner et al., *Virtual Reality im Tourismus*, essentials,
https://doi.org/10.1007/978-3-658-23865-0

Daponte, P., L. De Vito, F. Picariello, und M. Ricio (2014) State of the art and future developments of the Augmented Reality for measurement applications. *Measurement* 57: 53–70.

Dentons (2017) Virtual legality: Virtual Reality and Augmented Reality – legal issues. https://www.dentons.com/en/insights/articles/2017/february/20/virtual-legality. Zugegriffen: 23. August 2018.

Domina, T., S.-E. Lee, und M. MacGillivray (2012) Understanding factors affecting consumer intention to shop in a virtual world. *Journal of Retailing and Consumer Services* 19 (6): 613–620.

Eurostat (2018) Jährliche Daten über die Tourismusindustrie. https://ec.europa.eu/eurostat/web/tourism/data/database. Zugegriffen: 23. August 2018.

Eurostat (2018) Tourismus, Anzahl der Übernachtungen bzw. Ausgaben. http://ec.europa.eu/eurostat/web/tourism/data/database. Zugegriffen: 23. August 2018.

Felnhofer, A., O.D. Kothgassner, M. Schmidt, A.-K. Heinzle, L. Beutl, H. Hlavacs, und I. Kryspin-Exner (2015) Is virtual reality emotionally arousing? Investigating five emotion inducing virtual park scenarios. *International Journal of Human-Computer Studies* 82: 48–56.

Fenn, J., und M. Raskino (2008) *Mastering the Hype Cycle: How to Choose the Right Innovation at the Right Time.* Boston: Harvard Business Press.

Fernandes, A. S., und S. K. Feiner (2016) Combating VR sickness through subtle dynamic field-of-view modification. 2016 IEEE Symposium on 3D User Interfaces (3DUI).

Gallace, A., und C. Spence (2014) *In touch with the future: The sense of touch from cognitive neuroscience to virtual reality.* Oxford: Oxford University Press.

Gartner Inc. (2018) *Hype Cycle for Emerging Technologies, 2018.* ID: G00340159. Stamford: Gartner Inc.

Gillovic, B., A. McIntosh, S. Darcy, und C. Cockburn-Wootten (2018) Enabling the language of accessible tourism. *Journal of Sustainable Tourism* 26 (4): 615–630.

Gnatzy, T., J. Warth, H. von der Gracht, und I.-L. Darkow (2011) Validating an innovative real-time Delphi approach – A methodological comparison between real-time and conventional Delphi studies. *Technological Forecasting and Social Change* 78 (9): 1681–1694.

Guo, Y., und S. Barnes (2011) Purchase behavior in virtual worlds: An empirical investigation in Second Life. *Information & Management* 48 (7): 303–312.

Gutierrez, M., F. Vexo, und D. Thalmann (2008) *Stepping into Virtual Reality.* London: Springer.

Guttentag, D.A. (2010) Virtual reality: Applications and implications for tourism. *Tourism Management* 31 (5): 637–651.

Huang, Y.C., S.J. Backman, und K.F. Backman (2012) Exploring the impacts of involvement and flow experiences in Second Life on people's travel intentions. *Journal of Hospitality and Tourism Technology* 3 (1): 4–23.

Huh, C., und A.J. Singh (2007) Families Travelling with a Disabled Member: Analysing the Potential of an Emerging Niche Market Segment. *Tourism and Hospitality Research* 7 (3–4): 212–229.

Hung, Y.-H., C.-H. Chen, und S.-W. Huang (2017) Applying augmented reality to enhance learning: a study of different teaching materials. *Journal of Computer Assisted Learning* 33 (3): 252–266.

Jacobson, J., und L. Holden (2005) The Virtual Egyptian Temple. EdMedia + Innovate Learning Conference.

Jun, S.-P. (2012) A comparative study of hype cycles among actors within the socio-technical system: With a focus on the case study of hybrid cars. *Technological Forecasting and Social Change* 79 (8): 1413–1430.

Jun, S.-P., und D.-H. Park (2016) Consumer information search behavior and purchasing decisions: Empirical evidence from Korea. *Technological Forecasting and Social Change* 107: 97–111.

Jung, T., M.C. tom Dieck, P. Rauschnabel, M. Ascenção, P. Tuominen, und T. Moilanen (2018) Functional, Hedonic or Social? Exploring Antecedents and Consequences of Virtual Reality Rollercoaster Usage. In *Augmented Reality and Virtual Reality. Progress in IS*, hrsg. T. Jung, und M. tom Dieck, 247–258. Cham: Springer.

Karaca, F., und M.A. Öner (2015) Scenarios of nanotechnology development and usage in Turkey. *Technological Forecasting and Social Change* 91: 327–340.

Keller, J., und H.A. von der Gracht (2014) The influence of information and communication technology (ICT) on future foresight processes – Results from a Delphi survey. *Technological Forecasting and Social Change* 85: 81–92.

Koh, W.T.H., und P.K. Wong (2005) Competing at the frontier: The changing role of technology policy in Singapore's economic strategy. *Technological Forecasting and Social Change* 72 (3): 255–285.

Kongrad, K., J. Markard, A. Ruef, und B. Truffer (2012) Strategic responses to fuel cell hype and disappointment. *Technological Forecasting and Social Change* 79 (6): 1084–1098.

Linstone, H.A., und M. Turoff (1975) *Delphi Method: Techniques and Applications*. Reading: Addison-Wesley.

Loo, R. (2002) The Delphi method: a powerful tool for strategic management. *Policing: An International Journal of Police Strategies & Management* 25 (4): 762–769.

Lundy, L. (2015) Future Traveller Tribes 2030: Building a more rewarding journey. http://www.amadeus.com/documents/future-traveller-tribes-2030/amadeus-traveller-tribes-2030-airline-it.pdf. Zugegriffen: 23. August 2018.

Mandelbaum, A. (2015) Top Ways DMOs are Driving Results with Virtual Reality. https://www.4hoteliers.com/features/article/9292. Zugegriffen: 23. August 2018.

Markides, C. (2006) Disruptive Innovation: In Need of Better Theory. *The Journal of Product Innovation Management* 23 (1): 19–25.

Milgram, P., H. Takemura, A. Utsumi, und F. Kishino (1995) Augmented reality: a class of displays on the reality-virtuality continuum. Proceedings SPIE 2351, Telemanipulator and Telepresence Technologies.

Munster, G., T. Jakel, D. Clinton, und E. Murphy (2015) *Next Mega Tech Theme is Virtual Reality*. Minneapolis: Piper Jaffray Investment Research.

Nelson, P. (1970) Information and Consumer Behavior. *Journal of Political Economy* 78 (2): 311–329.

Osti, L., und H. Pechlaner (2001) Communication Issues in NTO distribution strategies. In *Tourism Distribution Channels: Practices, Issues and Transformations*, hrsg. D. Buhalis, und E. Laws: 231–242. London: Continuum.

Panetta, K. (2017) Top Trends in the Gartner Hype Cycle for Emerging Technologies, 2017. https://www.gartner.com/smarterwithgartner/top-trends-in-the-gartner-hype-cycle-for-emerging-technologies-2017/. Zugegriffen: 23. August 2018.

Paquet, E., und H.L. Viktor (2005) Long-term preservation of 3-D cultural heritage data related to architectural sites. *ISPRS 3D Virtual Reconstruction and Visualization of Complex Architectures*.

Pawaskar, P., und M. Goel (2014) A Conceptual Model: Multisensory Marketing and Destination Branding. *Procedia Economics and Finance* 11: 255–267.

Petrangeli, S., V. Swaminathan, M. Hosseini, und F. De Turck (2017) Improving Virtual Reality Streaming using HTTP/2. Proceedings of the 8th ACM on Multimedia Systems Conference.

Pike, S. (2016) *Destination Marketing Essentials*. New York: Routledge.

Porter, M.E., und J.E. Heppelmann (2014) How smart, connected products are transforming competition. *Harvard Business Review* 92 (11): 64–88.

Porter, M.E., und J.E. Heppelmann (2015) How smart, connected products are transforming companies. *Harvard Business Review* 93 (10): 96–114.

Porter, M.E., und J.E. Heppelmann (2017) Why every organization needs an augmented reality strategy. *Harvard Business Review* 95 (6): 46–57.

Powell, T.C. (1992) Strategic Planning as Competitive Advantage. *Strategic Management Journal* 13 (7): 551–558.

Rauch, W. (1979) The decision Delphi. *Technological Forecasting and Social Change* 15 (3): 159–169.

Roberts, E.B. (1969) Exploratory and normative technological forecasting: A critical appraisal. *Technological Forecasting* 1 (2): 113–127.

Ruef, A., und J. Markard (2010) What happens after a hype? How changing expectations affected innovation activities in the case of stationary fuel cells. *Technology Analysis & Strategic Management* 22 (3): 317–338.

Sanchez-Vives, M.V., und M. Slater (2005) From presence to consciousness through virtual reality. *Nature Reviews Neuroscience* 6: 332–339.

Saritas, O., und M.A. Oner (2004) Systemic analysis of UK foresight results: Joint application of integrated management model and roadmapping. *Technological Forecasting and Social Change* 71 (1–2): 27–65.

Schnider, A. (2016) Virtual Reality & Copyright: To boldly go where no man has gone before. http://copyrightblog.kluweriplaw.com/2016/05/02/virtual-reality-copyright-boldly-go-no-man-gone/. Zugegriffen: 23. August 2018.

Serrano, B., R.M. Baños, und C. Botella (2016) Virtual reality and stimulation of touch and smell for inducing relaxation: A randomized controlled trial. *Computers in Human Behavior* 55 (A): 1–8.

Springer Medizin (2018) Reisen für alle: Aufwärtstrend im barrierefreien Tourismus. *Pflegezeitschrift* 71 (6): 6.

Teideman, J. (2014) Skyscanner reveals the future of travel: learn how we will plan and book in ten years. https://www.skyscanner.net/news/future-of-travel2024. Zugegriffen: 23. August 2018.

TFAMW – Technology Futures Analysis Methods Working – Group (2004) Technology futures analysis: Toward integration of the field and new methods. *Technological Forecasting and Social Change* 71 (3): 287–303.

Tikkanen, H., J. Hietanen, T. Henttonen, und J. Rokka (2009) Exploring virtual worlds: success factors in virtual world marketing. *Management Decision* 47 (8): 1357–1381.

Tussyadiah, I.P., D. Wang, T.H. Jung, und M.C. tom Dieck (2018) Virtual reality, presence, and attitude change: Empirical evidence from tourism. *Tourism Management* 66: 140–154.

van Krevelen, und R. Poelman (2010) A Survey of Augmented Reality: Technologies, Applications and Limitations. *The International Journal of Virtual Reality* 9 (2): 1–20.

Vince, J. (2004) *Introduction to Virtual Reality*. London: Springer.

von der Gracht, H.A., und I.-L. Darkow (2010) Scenarios for the logistics services industry: A Delphi-based analysis for 2025. *International Journal of Production Economics* 127 (1): 46–59.

Wan, C.-S., S.-H. Tsaur, Y.-L. Chiu, und W.-B. Chiou (2007) Is the Advertising Effect of Virtual Experience Always Better or Contingent on Different Travel Destinations? *Information Technology & Tourism* 9 (1): 45–54.

Williams, K. und M. Mascioni (2014) *The Out-of-Home Immersive Entertainment Frontier*. London: Routledge.

Williams, P., und J.S.P. Hobson (1995) Virtual reality and tourism: fact or fantasy? *Tourism Management* 16 (6): 423–427.

Wilson, R.M.S., und C. Gilligan (2012) *Strategic Marketing Management: Planning, Implementation and Control*. London: Routledge.

Yaniv, I. (2011) Group diversity and decision quality: Amplification and attenuation of the framing effect. *International Journal of Forecasting* 27 (1): 41–49.

Printed in the United States
By Bookmasters